머리에 쏙쏙 선조들의 공부법

《머리에 쏙쏙 선조들의 공부법》은 초등학교 교과서의 이런 단원과 관련이 깊어요.

3학년 1학기 국어
4. 마음을 전해요 〈한글을 만드신 세종 대왕〉

4학년 1학기 국어
2. 정보를 찾아서 〈할머니, 할아버지의 국어 교과서〉
7. 넓은 세상 많은 이야기 〈만 권의 책만큼 값진 것〉

4학년 2학기 국어
1. 생생한 느낌 그대로 〈책에 대한 재미있는 기록〉
3. 서로 다른 의견 〈독서의 힘〉

3학년 1학기 도덕
1. 도덕 공부, 이렇게 해요 〈마음의 거울〉

3학년 2학기 도덕
1. 소중한 나 (3) 소중한 나를 더욱 소중하게 가꾸어 봐요

4학년 1학기 도덕
3. 사랑해요 대한민국 〈세종 대왕상〉

오십 빛깔 우리 것 우리 얘기 ㊵

머리에 쏙쏙
선조들의 공부법

우리누리 글 • 이상미 그림

주니어중앙

추천의 말

어린이가 꿈을 키우는 터전

꿈 많은 어린 시절엔 장대한 역사와 위대한 문화유산에 관한
책을 읽는 것이 좋다.
거기에는 어린이가 꿈을 키우는 터전이 있기 때문이다.
감수성 예민한 어린 시절엔 흥미로운 그림을 통하여
재미있게 이야기를 풀어간 책이 좋다.
그것은 시각적 인식을 통해 어린이의 상상력을 자극하기 때문이다.
『오십 빛깔 우리 것 우리 얘기』는 이런 필요조건을 갖춘
고급 어린이 교양도서라 할 만한 것이다.

유홍준
(전 문화재청장, 현 명지대 교수,
『나의 문화유산 답사기』 저자)

이 책을 추천해 주신 선생님들

- 전래놀이, 풍속과 관련된 수업에 활용하고 있습니다. 옛 풍속과 관련해서 요즘에는 잘 사용하지 않는 용어들이 있어서 아이들이 어려워하는데, 이 책에는 사진 자료와 함께 쉽고 정확하게 설명이 되어 있어 아이들이 이해하기 쉽게 되어 있습니다.
  － 손영수 선생님(가사초등학교)

- 아이들이 우리의 전통문화를 쉽게 접할 수 있도록 도움을 주는 소중한 자료입니다. 우리 학교의 독서 퀴즈 대회에서 매년 사용하는 책이랍니다.
  － 성주영 선생님(도당초등학교)

- 우리의 옛 풍습과 문화, 관혼상제 등에 대해 자세히 설명되어 있어 수업을 하기 전에 미리 읽어 오라고 하는 도서입니다.
  － 전은경 선생님(용산초등학교)

- 우리의 문화와 역사를 초등학생들이 이해하기 쉽도록 재미있는 옛이야기로 풀어낸 점이 가장 마음에 듭니다. 초등 교과와 연계된 부분이 많아 학교 수업에 많이 활용하는 도서입니다.
  － 한유자 선생님(삼일초등학교)

김임숙 선생님(팔달초)	조윤미 선생님(화양초)	이경혜 선생님(군포초)	염효경 선생님(지동초)
오재민 선생님(조원초)	박연희 선생님(우이초)	박혜미 선생님(대평중)	이진희 선생님(수일초)
최정희 선생님(온곡초)	정경순 선생님(시흥초)	박현숙 선생님(중흥초)	김정남 선생님(외동초)
이광란 선생님(고리울초)	김명순 선생님(오목초)	신지연 선생님(개포초)	심선희 선생님(상원초)
문수진 선생님(덕산초)	정지은 선생님(세검정초)	정선정 선생님(백봉초)	김미란 선생님(둔전초)
김미정 선생님(청덕초)	조정신 선생님(서신초)	김경아 선생님(서림초)	김란희 선생님(유덕초)
정상각 선생님(대선초)	서흥희 선생님(수일중)	윤란희 선생님(안산시근로자시민문화센터어린이도서관)	

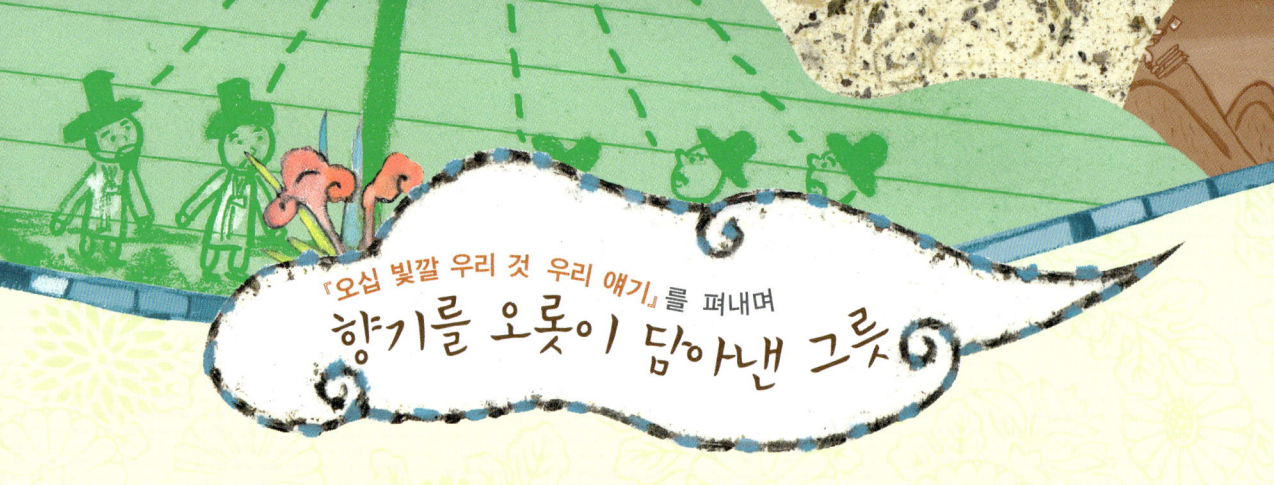

『오십 빛깔 우리 것 우리 얘기』를 펴내며
향기를 오롯이 담아낸 그릇

　『오십 빛깔 우리 것 우리 얘기』 시리즈가 처음 출간된 지 어느덧 16년이 되었습니다. 그동안 수많은 어린이와 부모님, 그리고 선생님들의 사랑을 받으며 전 50권이 완간되었고, 어린이 옛이야기 분야의 고전(古典)이자 스테디셀러로 굳건히 자리매김해 왔습니다.

　이 시리즈는 '소중히 지켜야 할 우리 것'에 대한 이야기를 어린이를 위해 '쉽고 재미있게' 풀어쓴 책입니다. 내용으로는 선조들의 생활과 풍습 이야기, 문화재와 발명품 이야기, 인물과 과학기술·예술작품 이야기, 팔도강산과 고유 동식물 이야기 등 우리나라 역사와 전통문화 모든 영역을 총망라하고 있습니다. 그리고 이를 50가지 주제로 엮어 저학년 어린이도 얼마든지 볼 수 있도록 맛깔나는 옛이야기로 담아냈습니다. 장대한 역사와 위대한 문화유산을 배우기에 옛이야기만큼 좋은 형식도 없기 때문입니다.

　대한민국 국민으로서 알아야 하고 전해야 할 우리 것, 우리 얘기는 아주 많습니다. 그동안 이 시리즈를 통해 많은 어린이가 우리 것을 알게 되고, 우리 얘기를 사랑하게 되었을 것입니다. 시간이 흘러도 역사와 전통문화의 향기는 변하지 않기 때문입니다.

하지만 저희는 그 향기를 담아내는 그릇이 그간 색이 바래고 빛을 잃었다는 사실에 가슴이 아프고 안타까웠습니다. 그래서 책에서 전하는 우리 것의 향기를 오롯이 담아낼 수 있는 새로운 그릇을 찾고자 하였습니다. 그 그릇을 통해 향기가 더욱 그윽해지고 멀리까지 퍼져서 수백 년, 수천 년 전의 우리 것이 오늘날에도 살아 숨 쉴 수 있도록 생명력을 주고자 하였습니다.

이에 몇 가지 원칙을 가지고 『오십 빛깔 우리 것 우리 얘기』 시리즈를 새롭게 출간하게 되었습니다.

◎ 원작이 가지는 옛이야기의 맛과 멋을 그대로 살렸습니다.
◎ 요즘 독자들의 감각에 맞추어 디자인과 그림을 50권 전권 전면 개정하였습니다.
◎ 교과 학습의 길잡이가 될 수 있도록 연계 교과를 표시하였습니다.
◎ 학습정보 코너는 유익함과 재미를 함께 줄 수 있도록 4컷 만화, 생생 인터뷰, 묻고 답하기 등으로 내용을 재구성하였고, 최신 정보와 사진을 수록하였습니다.
◎ 도표, 연표, 역사신문, 체험학습 등으로 권말부록을 풍성하게 꾸며서 관련 교과 학습을 강화하였습니다.

이 책을 처음 읽었을 8살 꼬마 독자는 지금쯤 나라와 민족에 긍지를 가진 25살 자랑스러운 대한민국 청년이 되었을 것입니다. 그 청년이 부모가 되어서도 자녀에게 다시 권할 수 있는 그런 책이 되기를 바라며, 이 시리즈를 오십 빛깔 그릇에 정성껏 담아 내어놓습니다.

주니어중앙

학문을 사랑한 선조들의 공부 이야기

우리나라는 세계에서도 교육에 대한 관심이 매우 높은 나라 중 하나예요. 이것은 예부터 우리 선조들이 글을 읽는 선비를 높이 받들던 전통에서 비롯된 것이지요.

옛날 선비들은 학문을 열심히 갈고 닦아 벼슬길에 나아가는 것을 최고의 가치로 여겼어요. 벼슬길에 나아가 백성을 어질게 다스리고, 나라를 위해 일하는 것이 학문을 하는 목적이었지요.

물론 벼슬에 뜻을 두지 않고 산속에 들어가 평생 학문을 닦으며 산 선비들도 있었어요. 그들은 자연과 벗하며 글을 읽거나 제자를 가르치는 것을 즐거움으로 삼았지요.

하지만 벼슬을 하고 안 하고를 떠나서 글을 많이 읽어 교양을 쌓는 것은 매우 중요한 일이에요.

  우리는 흔히 '책 속에 길이 있다.'라는 말을 해요. 그것은 책 속에 선인들의 경험과 깨달음이 들어 있고, 이를 통해 사람답게 살아가는 길을 찾을 수 있기 때문이지요.

  조선의 명필로 이름난 한석봉은 어린 시절 종이를 살 돈이 없을 만큼 집안이 어려웠어요. 하지만 포기하지 않고 꾸준히 노력한 결과 중국에까지 이름을 떨치게 되었지요. 조선 시대 최고의 성군으로서 존경받는 세종 대왕은 어렸을 때 눈병을 앓으면서도 손에서 책을 놓지 않았다고 해요. 화담 서경덕 선생은 평생 가난하게 살면서 한순간도 학문을 게을리하지 않았고요. 이처럼 학문을 사랑한 선조들의 공부 이야기는 후세 사람들에게 감동을 주고 있어요.

  어린이 여러분도 이 책을 읽으면서 배우는 사람으로서 어떤 마음가짐을 가져야 할지 되새겨 보길 바랍니다.

어린이의 벗, 우리누리

차례

● 천자문을 찢어 삼킨 글방 아이 12
  백두 낭자·한라 도령이 만난 우리 역사 속 학자들
  이두를 널리 알린 설총 22

● 눈병이 나서도 책을 읽은 세종 대왕 24
  백두 낭자·한라 도령이 만난 우리 역사 속 학자들
  당나라까지 이름을 알린 최치원 34

● 책으로 벽을 바른 정 도령 36
  백두 낭자·한라 도령이 만난 우리 역사 속 학자들
  조선 최고의 명재상 황희 46

● 세상살이로 만자문을 익힌 소년 48
  백두 낭자·한라 도령이 만난 우리 역사 속 학자들
  궁중 음악을 새롭게 한 박연 58

● 상투를 천장에 매단 김 선비 60
  백두 낭자·한라 도령이 만난 우리 역사 속 학자들
  평생 절개를 지킨 김시습 70

- 냇물로 붓글씨를 연습한 한석봉 72
  백두 낭자·한라 도령이 만난 우리 역사 속 학자들
  성리학의 큰 산맥 이황 82

- 열세 번 과거에 도전한 칠전팔기의 선비 84
  백두 낭자·한라 도령이 만난 우리 역사 속 학자들
  십만양병설을 주장한 이이 94

- 달빛으로 책을 읽은 가난한 선비 96
  백두 낭자·한라 도령이 만난 우리 역사 속 학자들
  시대를 날카롭게 비판한 허균 106

- 밥마다 물 두 바가지를 마신 백정 108
  백두 낭자·한라 도령이 만난 우리 역사 속 학자들
  북학파의 선두 주자 박지원 118

- 천둥도 이겨낸 꼬마 철학자 서경덕 120
  백두 낭자·한라 도령이 만난 우리 역사 속 학자들
  부국강병을 꿈꾼 개혁가 정약용 130

 교과가 튼튼해지는 우리 것 우리 얘기 132
서당에서의 나날

"하늘 천, 따 지, 검을 현, 누를 황……."

서당에 글방 아이들의 낭랑한 목소리가 울려 퍼졌어요. 그런데 한 아이가 옆 아이의 옆구리를 찌르며 귓속말로 소곤거렸어요. 잠시 후 여기저기서 킥킥거리는 소리가 들렸지요.

주위가 시끄러워지자 접장이 아이들을 노려보았어요. '접장'은 글방 아이 중 우두머리로, 지금의 반장과 비슷한 역할을 했어요. 아이들은 접장에게 눈짓을 하며 손가락으로 앞에 있는 훈장님을 가리켰어요. 그 순간 접장은 자기도 모르게 입을 틀어막고 킥킥거렸어요.

훈장님이 책상에 비스듬히 몸을 기댄 채 꾸벅꾸벅 졸고 있었는데, 어찌나 고개를 크게 끄덕거리는지 머리를 책상에 찧을 판이었어요. 게다가 입가에 흐른 침은 수염에 매달려 대롱거렸지요.

평소에도 장난을 좋아하던 접장은 짓궂은 생각이 들었어요. 접장은 아이들과 함께 입을 맞춰 크게 소리를 질렀어요.

"불이야, 불!"

이 소리에 잠이 번쩍 깬 훈장님은 일어나 허둥댔어요. 아이들은 배꼽을 잡고 데굴데굴 굴렀지요.

"이런, 고얀 놈들 같으니라고!"

아이들에게 속은 것을 눈치챈 훈장님은 화가 났어요. 아이들은 하나씩 불려 나가 종아리를 맞았지요.

"접장이란 녀석이 못된 일에 앞장서다니……. 도대체 왜 거짓말로 사람을 놀라게 했느냐?"

"훈장님이 조시기에 잠이 깨시라고요."

"이 녀석아, 졸긴 누가 졸았다고 그러느냐? 내 잠시 꿈속에서 공자님을 만나 뵙고 오는 길이니라."

훈장님은 시치미를 뚝 떼고 태연하게 말을 계속했어요.

"아까 공자님과 학문에 대해 한창 얘기하는 중이었는데, 네 녀석들이 놀라게 하는 바람에 그만 잠이 깼지 뭐냐? 내 공자님을 다시 만나 학문에 대해 더 깊이 논하고 올 터이니, 그때까지 한눈팔지 말고 글을 열심히 읽고 있거라!"

　그러고는 비스듬히 등을 기댄 채 다시 잠을 자기 시작했어요. 아이들은 훈장님의 재치 있는 말솜씨에 감탄했어요.
　다음 날이었어요. 아이들이 한창 글을 읽고 있는데 훈장님이 갑자기 곰방대로 책상을 치면서 호통을 쳤어요.
　"거기 글 읽다 말고 조는 녀석이 누구냐?"
　아이들이 돌아보니 접장이었어요. 그런데 접장은 훈장님의 호통에도 아랑곳없이 여전히 졸고 있었어요. 옆의 아이가 접장을 흔들어 깨우자 접장은 그제야 눈을 비비며 잠에서 깨어났어요.

"아니, 누가 잠을 깨우고 난리야?"

접장이 오히려 화를 내자 훈장님은 어이가 없었어요.

"이 녀석이 공부 시간에 졸아 놓고 도리어 큰소리야?"

"졸다니요? 지금 막 공자님을 만나고 오는 길인걸요."

훈장님은 뜻하지 않은 엉뚱한 대답에 눈을 동그랗게 떴어요.

"네가 공자님을 만났다고?"

"예, 제가 공자님께 여쭈었어요. 어제 우리 훈장님과 무슨 얘기를 나누셨느냐고요."

"그랬더니?"

"공자님이 말씀하시길, '나는 어제 너희 훈장을 만난 적이 없느니라.' 하시던데요?"

그 순간 서당은 웃음바다가 되었어요. 모두 배를 잡고 웃느라 서당이 떠나갈 것 같았지요.

훈장님은 얼굴만 붉으락푸르락할 뿐이었어요. 뻔한 거짓말인 줄 알면서도 아무런 대꾸를 할 수가 없었던 거지요.

'괘씸한 녀석……. 어디 두고 보자.'

훈장님은 이렇게 생각하며 화를 가라앉히는 수밖에 없었어요.

그날 수업이 끝나 갈 무렵 훈장님이 접장을 불렀어요.

"내 너에게 특별한 시험을 보도록 하겠다. 앞으로 열흘의 시간을 줄 테니 천자문을 다 외워 오거라. 만약 못 외우면 회초리를 맞을 줄 알아라!"

훈장님의 말에 접장은 금방 울상이 되었어요. 열흘 만에 천자문을 다 외운다는 것은 거의 불가능한 일이었어요. 훈장님이 일부러 접장을 골탕먹이려고 작정을 했던 거예요.

어쨌든 접장은 그날부터 천자문을 외우기 시작했어요. 우선 책 전체를 똑같이 10등분으로 나누고, 이것을 매일 하나씩 외워 열흘 동안 천자문을 다 외울 생각이었어요.

접장은 그날그날 목표한 것을 다 외우지 못하면 잠도 자지 않았어요. 졸음이 올 때면 벌떡 일어나 우물가에 가서 얼굴을 씻고 들어와 잠을 쫓았어요. 열심히 책을 외우다 보면 어느새 새벽닭이 울기 일쑤였지요.

어느덧 마지막 날이 되었어요. 그동안 매일같이 잠을 자는 둥 마는 둥 한 까닭에 정신이 흐릿했어요. 외우고 돌아서면 금방 까먹고, 다시 외우고 나면 또 까먹기를 되풀이했어요.

'안 되겠구나. 마지막 비상수단을 쓰는 수밖에…….'

접장은 각오를 새롭게 하고 책을 다시 보았어요. 그리고 다 외웠다 싶으면 책장을 찢어 입안에 넣고 삼켰어요. 한번 외운 것은 다시 볼 수 없으니 정신을 바짝 차릴 수밖에 없었지요.

그렇게 책을 외우기를 얼마나 했을까요? 접장은 날이 새어 먼동이 틀 무렵 책의 마지막 장을 찢어 삼킬 수 있었어요.

마침내 접장은 훈장님 앞에 앉았어요. 아이들은 걱정스러운 눈으로 접장을 쳐다보았어요.

"그래, 천자문은 다 외웠느냐?"

"예."

"그럼 어디 한번 들어 보자꾸나. 큰 소리로 외워 보아라."

훈장님은 느긋한 표정으로 곰방대를 물었어요. 접장은 그동안 외운 것을 줄줄 풀어내기 시작했어요.

"하늘 천, 따 지, 검을 현, 누를 황……."

접장이 막힘없이 외워 나가자 아이들은 입이 쩍 벌어졌어요. 훈장님도 겉으로는 태연한 척했지만 속으로는 적잖이 놀랐지요.

천자문을 거의 다 외워 갈 무렵이었어요. 접장이 점점 말을 더듬기 시작하더니 결국 말이 막히고 말았어요. 어제저녁 책장을 씹어 가며 그렇게 열심히 외웠는데, 딱 한 대목이 생각나지 않았던 거예요.

이때 눈을 지그시 감고 듣고 있던 훈장님이 눈을 번쩍 떴어요. 금방이라도 불호령이 떨어질 것만 같았어요. 접장은 어쩔 줄 몰라 식은땀만 줄줄 흘렸지요.

마침 그때 다행한 일이 생겼어요. 갑자기 속이 부글부글 끓더니 설사가 나려고 한 거예요.

"훈장님, 잠깐 뒷간에 좀……."

접장은 부리나케 밖으로 뛰어나갔어요. 뒷간에 앉아 엉덩이에 힘을 주던 접장은 문득 좋은 생각이 떠올랐어요.

접장은 볼일을 다 본 뒤 재빨리 나뭇가지 하

나를 꺾어 와 똥을 헤집어 보기 시작했어요. 거기에는 어젯밤에 삼킨 책장이 섞여 있었거든요.

'야, 찾았다! 음, 바로 이 대목이군!'

접장은 아까 잊어버린 대목을 찾아 다시 외웠어요.

잠시 후 접장은 태연히 서당 안으로 들어왔어요. 그러고는 아까 끊어졌던 대목부터 다시 외우기 시작했어요. 마지막 구절까지 다 외우자 아이들은 손뼉을 치며 소리를 질렀어요. 이번에는 훈장님도 감탄하며 칭찬을 아끼지 않았지요.

그 뒤로 접장은 심술궂은 장난을 그만두고 부지런히 공부하여 의젓한 선비가 되었다고 해요.

백두 낭자·한라 도령이 만난 우리 역사 속 학자들

이두를 널리 알린 설총

설총은 통일 신라 시대의 학자예요. 당시 가장 뛰어난 스님이었던 원효 대사와 요석 공주 사이에서 태어났지요. 정확한 출생일과 사망일은 알 수 없지만, 무열왕(654~657) 때 태어나 경덕왕(?~765) 때까지 살았다고 전해져요.

설총은 어릴 적부터 총명함과 남다른 재주로 주목을 받으며 자랐어요. 자라서는 유교와 역사에 매우 뛰어났는데, 당나라에서 전해진 유교 경전을 신라 말로 읽고 가르쳤다고 해요.

원효 대사

설총은 특히 '이두'를 집대성하고 전파한 학자로 잘 알려져 있어요. 당시에는 한글이 없어서 사람들이 이야기를 글로 남기고 전하는 일에 어려움을 겪었지요. 그래서 설총이 널리 알려 쓰게 한 것이 바로 이두예요.

설총은 아버지 원효 대사만큼 훌륭한 성인으로 역사에 남아 있답니다.

　이두는 한자의 음과 뜻을 빌려 우리말로 표현하는 방법이에요. 설총 전에도 이두는 있었지만, 설총의 손을 거친 뒤에서야 이두가 두루 쓰이게 되었지요. 설총이 집대성한 이두는 신라 시대의 노래인 '향가'가 기록으로 남겨지는 것에 큰 도움을 주었어요.

　설총은 또 글도 잘 지어 강수, 최치원과 함께 신라의 3대 문장가로 손꼽혀요. 특히 설총이 쓴 글 중에 〈화왕계〉라고 하는 재미난 문학 작품이 있어요. 꽃의 왕 모란이 간신 장미와 충신 할미꽃 중 누구를 선택할까 고민을 하자, 이를 보고 할미꽃이 모란을 꾸짖는 내용이에요. 꽃들의 이야기를 통해 간신을 멀리하고 충신을 가까이하라는 교훈을 주는 글로, 신문왕에게 바치는 이야기였지요. 화왕계는 설총이 쓴 글 중에 유일하게 오늘날까지 전해져 내려오는 글로, 《삼국사기》에 실려 있답니다.

눈병이 나서도 책을 읽은 세종 대왕

어느 따뜻한 봄날, 대궐 안에는 아름다운 꽃들이 피어나고 온갖 새들이 지저귀고 있었어요.

"왕자님, 뜰에 한번 나가 보시옵소서. 이런 화창한 날씨에 햇볕을 쬐이면 몸에 아주 좋사옵니다."

왕자를 모시고 있는 내관이 방문 앞에 다가와 조용히 말했어요. '내관'은 궁중에서 시중을 드는 남자를 일컫는 말이지요.

왕자는 어려서부터 글 읽기를 무척 좋아했어요. 아직 어린 나이인데도 밖에서 뛰어노는 것보다 방에 앉아서 책을 읽거나 생각에 잠기는 것을 즐겼어요. 그래서 지혜롭고 총명했지만, 몸이 좀 허약했지요.

"아니다. 나에게는 이 책이 보약이다."

왕자는 여전히 방에서 책을 읽느라 바깥에 나올 생각을 하지 않았어요. 그러자 이번에는 왕자의 글공부를 도와주는 스승이 다시 말했어요.

"왕자님, 바깥바람을 쐬시면 공부가 더욱 잘될 것입니다. 그러니 잠깐 대궐의 뜰로 나가 쉬도록 하시지요."

그제야 왕자는 책에서 눈을 떼고 말했어요.

"저보다는 스승님께서 밖에 나가 쉬시지요. 제 글공부를 도와주시느라 늘 쉬지도 못하시는데……."

왕자는 오히려 스승의 건강을 걱정했어요.

왕자는 밤낮없이 글공부를 했는데, 점점 밤을 꼬박 새우는 날이 많아졌어요. 그러다가 마침내 병을 얻고 말았지요. 왕자는 평소에도 책을 너무 많이 읽어 눈병을 자주 앓았어요. 그런데 이번에는 병이 깊어 아주 자리에 드러눕게 되었던 거예요.

이 소식을 듣고 임금님이 문병을 왔어요. 방문을 들어서던 임금님은 깜짝 놀랐어요. 왕자가 그때까지도 책을 보고 있었던 거예요.

왕자의 머리맡에는 앞으로 읽을 책이 수북이 쌓여 있었어요.

"아니, 왕자야! 어찌하여 몸이 아파 누워 있으면서도 손에서 책을 놓지 않느냐? 글공부도 중요하지만 쉴 때는 쉬어야 하느니라. 너는 앞으로 이 나라를 이끌어 갈 왕자인데, 더 큰 병에 걸리면 큰일이 아니냐?"

임금님은 걱정이 가득한 얼굴로 말했어요.

"아바마마, 걱정을 끼쳐 드려서 황송하옵니다."

왕자는 아버지의 뜻에 따라 마지못해 손에서 책을 내려놓았어요.

그제야 임금님은 마음이 놓여 왕자에게 말했어요.

"그래, 며칠 동안 푹 쉬도록 하여라. 몸이 건강해야 공부도 잘할 수 있는 법이니라."

그러나 왕자는 임금님이 나가자마자 다시 책을 펼쳐 들었어요. 그리고는 책을 읽는 데 정신을 쏟았지요. 내관이 옆에서 말려 보았지만 아무 소용이 없었어요.

왕자가 눈병에도 아랑곳없이 계속 책을 읽는다는 얘기가 다시 임금님의 귀에 들어갔어요. 임금님은 걱정이 태산 같았어요.

"이 일을 어찌하면 좋을꼬? 저렇게 쉬지 않고 계속 책을 읽다간 병이 점점 더 심해질 텐데……."

임금님은 한 손으로 턱을 괸 채 근심 어린 얼굴로 말했어요. 옆에서 이를 지켜보던 신하가 머리를 조아리며 말했어요.

"상감마마, 이런 방법은 어떨까요?"

"어떤 방법 말이오?"

"왕자님이 병이 난 것은 지나치게 책을 많이 읽은 탓이 아닙니까? 그러니 방 안에 있는 책을 모두 치워 버리고 병이 나은 다음 돌려주는 것이 좋을 듯하옵니다."

"옳거니! 그것 참 좋은 방법이오."

임금님은 기뻐하며 신하에게 당장 그렇게 하도록 일렀어요.
그 무렵 왕자는 열 살의 어린 나이였지만, 읽은 책은 수도 없이 많았어요. 특히 한 권의 책을 백 번씩 읽는 것으로 유명했지요.

왕자는 훗날 임금이 된 뒤에 이런 말을 했다고 해요.

"글은 읽으면 읽을수록 그 참맛이 샘물 솟듯 한다. 백 번 읽는 것보다 이백 번 읽는 것이 좋고, 이백 번 읽는 것보다 삼백 번 읽는 것이 더욱 좋다. 그리고 백 권의 책을 한 번 읽는 것보다 한 권의 책을 백 번 읽는 것이 더욱 공부가 된다."

왕자가 읽은 책 중에는 어려운 문장이 쓰인 수준 높은 책들도 많았어요. 이것들은 어느 정도 공부를 한 어른들조차 이해하기 어려운 책이었어요. 하지만 왕자는 이 책들을 백 번, 아니 이백 번씩이나 읽어 그 뜻을 완전히 깨달았던 거예요.

옆에서 글공부를 도와주는 스승들조차도 어린 왕자의 학문 수준에 깜짝 놀랐어요.

"왕자님께서는 언제 그렇게 공부를 많이 하셨습니까?"

"스승님께서 말씀하시지 않았어요? 공자님은 책장을 엮은 가죽끈이 세 번이나 끊어져 나가도록 책을 많이 읽으셨다고요. 공자님 같은 성인도 그리하셨는데, 어찌 저 같은 사람이 백 번도 안 읽을 수 있겠습니까?"

왕자의 대답에 스승들은 다시 한번 감탄했지요.

임금님의 명을 받은 신하가 왕자를 찾아왔어요. 그러고는 임금님의 뜻을 차근차근 설명한 뒤 책을 모조리 가져가 버렸어요.

'아바마마께서 내 건강을 이토록 걱정하시니, 어서 빨리 병이 나아 걱정을 덜어 드려야겠구나.'

왕자는 어쩔 수 없이 책 읽기를 포기할 수밖에 없었어요.

그런데 가만히 누워 있자니 머리맡의 병풍 밑에 무엇인가가 눈에 띄었어요. 자세히 보니 그것은 책의 한 귀퉁이가 빠져나온 것이었어요. 신하가 서둘러 책을 치우느라 그 책을 미처 보지 못했던 거지요. 왕자는 벌떡 일어나 얼른 그 책을 펼쳐 들었어요.

'참 다행한 일이군. 이 한 권쯤이야 틈나는 대로 읽는다면 병이 더 심해지지는 않겠지.'

왕자는 맛있는 과자를 숨겨 두고 먹는 아이처럼 그 책을 틈틈이 읽었어요.

한편 임금님은 책을 모두 거두어 온 뒤 왕자가 어떻게 지내는지 몹시 궁금했어요. 그래서 신하에게 왕자의 방에 몰래 다녀오라고 일렀지요.

"그래, 왕자는 지금 어떻게 지내고 있소? 책이 한 권도 없으니 이제 가만히 쉬고 있는 수밖에 없겠지만."

그러나 신하의 대답은 뜻밖이었어요.

"상감마마, 제가 큰 잘못을 저질렀사옵니다. 소신이 지난번 책을 치울 때 미처 한 권을 찾아내지 못한 것 같사옵니다. 왕자님은

그걸 찾아내시어 지금 읽고 계십니다. 지금이라도 가서 그 책을 거두어 오겠습니다."

임금님은 어이없다는 듯 웃음을 지으며 말했어요.

"아니오, 그냥 두시오. 왕자의 건강이 걱정되긴 하지만, 그렇게 책을 좋아하니 가만히 놔두는 것도 좋을 듯싶소. 왕자가 그처럼 책 읽기를 즐긴다니 이보다 더 기쁜 일이 어디 있겠소? 허허!"

임금님은 크게 소리 내어 웃고는 거두어 온 책들을 다시 왕자에게 돌려주라고 신하에게 명령했답니다.

이 왕자가 바로 조선 시대 최고의 성군으로 불리는 세종 대왕이에요. 어려서부터 책 읽기를 좋아한 세종 대왕은 학문이 깊은 신하를 늘 곁에 두었어요. 그리고 그 신하들과 학문에 대해 토론하며 우리나라의 글인 한글을 만들었지요. 또한 장영실이라는 과학자를 시켜 측우기와 물시계를 만드는 등 훌륭한 업적을 많이 남겼답니다.

당나라까지 이름을 알린 최치원

고운 최치원(857~?)은 통일 신라 말기의 학자이자 문장가예요. 신라 최고의 천재로 불리는 사람이지요.

최치원은 6두품 출신이었어요. 신라 시대에는 '골품제'라는 엄격한 신분제도가 있어서 신분에 따라 다른 대우를 받았어요. 6두품은 두품 중에서는 가장 높은 신분이었지만, 성골이나 진골보다는 낮은 신분이었어요. 그래서 아무리 재주가 많아도 높은 관직에 올라가지는 못했지요.

이를 알았던 최치원의 아버지는 최치원을 일찌감치 당나라로 유학 보냈어요. 12세에 홀로 당나라에 가게 된 최치원은 이를 악물고 공부했어요. 그 결과 18세가 되던 해, 외국인을 위한 과거 시험인 빈공과에 1등으로 합격하고, 벼슬도 얻었지요.

> 최치원의 글 솜씨는 당나라 황제도 인정했답니다.

최치원

　875년 당나라에서는 '황소의 난'이 일어났어요. 황소라는 신하가 자신을 황제라 부르며 반란군을 이끌고 당나라의 수도를 점령한 사건이었지요. 이때 최치원이 내건 글이 〈토황소격문〉이에요. '황소를 호되게 꾸짖는 글'이라는 뜻인데, 황소가 읽다가 너무 놀라 침대에서 떨어질 정도로 간담을 서늘하게 하는 글이었다고 해요.

　최치원의 뛰어난 글 솜씨는 당나라 황제로부터 인정을 받을 정도였지요. 최치원은 그 밖에도 1만여 편의 훌륭한 글을 남겼어요.

　그 뒤에 고국으로 돌아온 최치원은 당시 어지럽던 신라를 바로잡기 위해 많은 개혁안을 내놓았어요. 하지만 신분의 한계 때문에 귀족들의 반대에 부딪혔어요. 결국 뜻을 이루지 못하고 은둔 생활을 시작한 최치원은 늙어서 해인사에 들어간 뒤 다시는 세상에 나오지 않았다고 해요.

쌍계사 진감선사대공탑비

국보 제47호로, 최치원이 직접 비문을 짓고 썼어요.

책으로 벽을 바른 정 도령

옛날 황해도 어느 마을에 사는 한 도령이 동구 밖 커다란 느티나무 아래서 바람을 쐬고 있었어요.

도령은 느티나무에 등을 기댄 채 석양을 바라보며 낮에 배운 시를 낭랑한 목소리로 외우기 시작했어요.

> 소년은 늙기 쉽고 학문은 이루기 어려우니, 아주 짧은 시간이라도 가벼이 할 수 없구나.

도령은 시에 담긴 깊은 뜻을 다시 한번 되새기며 마음가짐을 더욱 새롭게 했어요.

이때 도령을 멀리서 지켜보는 사람이 있었어요.

"얘 삼월아, 저기 시를 외우고 있는 분이 누군지 아느냐?"

"예, 애랑 아씨. 저분은 이 마을에 사는 정 도령이에요. 집안은 몹시 가난하지만 과거를 보기 위해 글공부를 열심히 하고 있답니다."

"음, 매우 총명하고 의젓해 보이는구나."

애랑은 한동안 정 도령을 지켜보다 삼월이와 함께 가던 길을 재촉했어요. 느티나무 앞을 지나면서 애랑은 정 도령과 눈이 마주쳤어요. 순간 애랑은 얼른 눈길을 피했지만 얼굴이 홍당무처럼 빨갛게 달아올랐어요.

애랑은 허둥지둥 그 앞을 지나갔어요. 그러고는 관가를 향해 종종걸음을 쳤지요.

관가에 도착하자 포졸들이 깍듯이 절을 했어요.

"애랑 아씨, 어디 갔다 오세요? 아까부터 사또 나리께서 찾고 계십니다. 어서 절 따라오세요."

애랑은 포졸의 안내를 받으며 총총히 사라졌어요.

애랑은 얼마 전 이 고을에 새로 부임한 사또의 딸이에요. 사또는 애랑을 몹시 아끼고 귀여워했지요. 그에게는 애랑이 세상에 하나밖에 없는 외동딸이었거든요. 애랑은 이 고을에 온 뒤로 집 안에서만 지냈는데, 이날 마침 동네 구경을 나갔다가 정 도령과 마주쳤던 거예요.

그 뒤로 애랑의 눈앞에는 정 도령의 모습이 어른대곤 했어요. 그럴 때면 삼월이를 데리고 동구 밖 느티나무 있는 곳으로 바람을 쐬러 갔지요.

그런데 신기한 것은 그때마다 정 도령도 그 근처를 서성대고 있는 게 아니겠어요? 마치 둘이서 약속이라도 한 듯 말이에요.

사실 두 사람은 처음 눈이 마주쳤을 때부터 서로에게 마음이 끌렸어요. 정 도령 또한 애랑을 보고 싶은 마음이 간절했어요. 그때마다 동구 밖을 서성이고 있으면 애랑이 어김없이 나타났던 거지요. 서로에게 흠뻑 반해 버린 두 사람은 시간이 지날수록 더욱 정이 깊어만 갔어요.

그러던 어느 날이었어요. 그날도 두 사람은 사람들의 눈을 피해 몰래 사랑을 속삭였어요. 헤어질 시간이 되었을 무렵 애랑이 품에서 무언가를 꺼냈어요.

"도련님, 이거 받으세요."

"아니, 이건 책이 아니오?"

정 도령은 놀란 얼굴로 책을 받아 들었어요.

"그건 도련님께 아주 드리는 게 아니에요. 저희 아버님 책인데 몰래 가져왔어요. 다 읽으신 뒤에는 다시 제자리에 갖다 놓아야 해요. 그 책을 다 보시면 다른 책을 또 가져다 드릴게요."

정 도령은 책을 받고 몹시 고마워했어요. 그의 눈에는 눈물이 글썽거렸지요.

사실 정 도령은 집이 몹시 가난했기 때문에 보고 싶은 책을 마음껏 살 수가 없었어요. 그래서 좋은 책이 있다는 소문을 들으면, 그곳이 몇십 리 밖이라도 마다치 않고 찾아가 책을 빌렸어요. 그러고는 밤새도록 책을 베낀 다음 돌려주기 일쑤였지요. 애랑은 이 사실을 알고 정 도령의 과거 공부를 돕기로 한 것이에요.

그런데 한 가지 문제가 생겼어요. 꼬리가 길면 잡히는 법, 서재의 책이 자꾸만 없어지는 것을 이상하게 여긴 사또가

뒤를 캐기 시작했지요. 그래서 마침내 애랑의 일이 들통 나고 말았어요.

"다시는 그 도령을 만나지 마라!"

사또는 몹시 화를 냈어요. 자기가 그리도 아끼고 사랑하는 딸이 가난뱅이 도령과 사귄다는 것을 도저히 받아드릴 수 없었지요.

사또는 애랑을 무섭게 꾸짖기도 하고 살살 달래기도 했어요. 다시는 정 도령을 만나지 말라고 말이에요.

그러자 애랑은 사또에게 이렇게 말했어요.

"아버님, 가난은 죄가 아니라고 생각해요. 정 도령은 비록 가난하지만 열심히 공부하여 반드시 큰 인물이 될 거예요. 그러니 저희가 만날 수 있도록 허락해 주세요. 그렇게 해 주시지 않으면 저는 차라리 죽음을 택하겠어요."

사또는 애랑의 고집을 꺾을 수가 없었어요. 그렇다고 가난뱅이 도령을 사위로 삼고 싶은 생각은 더더욱 없었지요.

사또는 생각다 못해 머나먼 외딴 섬으로 딸을 보내 버렸어요. 두 사람을 떼어 놓으려는 속셈이었지요.

애랑이 배를 타고 떠나는 날, 두 사람은 사또 몰래 만났어요. 애랑은 작은 주머니를 정 도령에게 내밀며 말했어요.

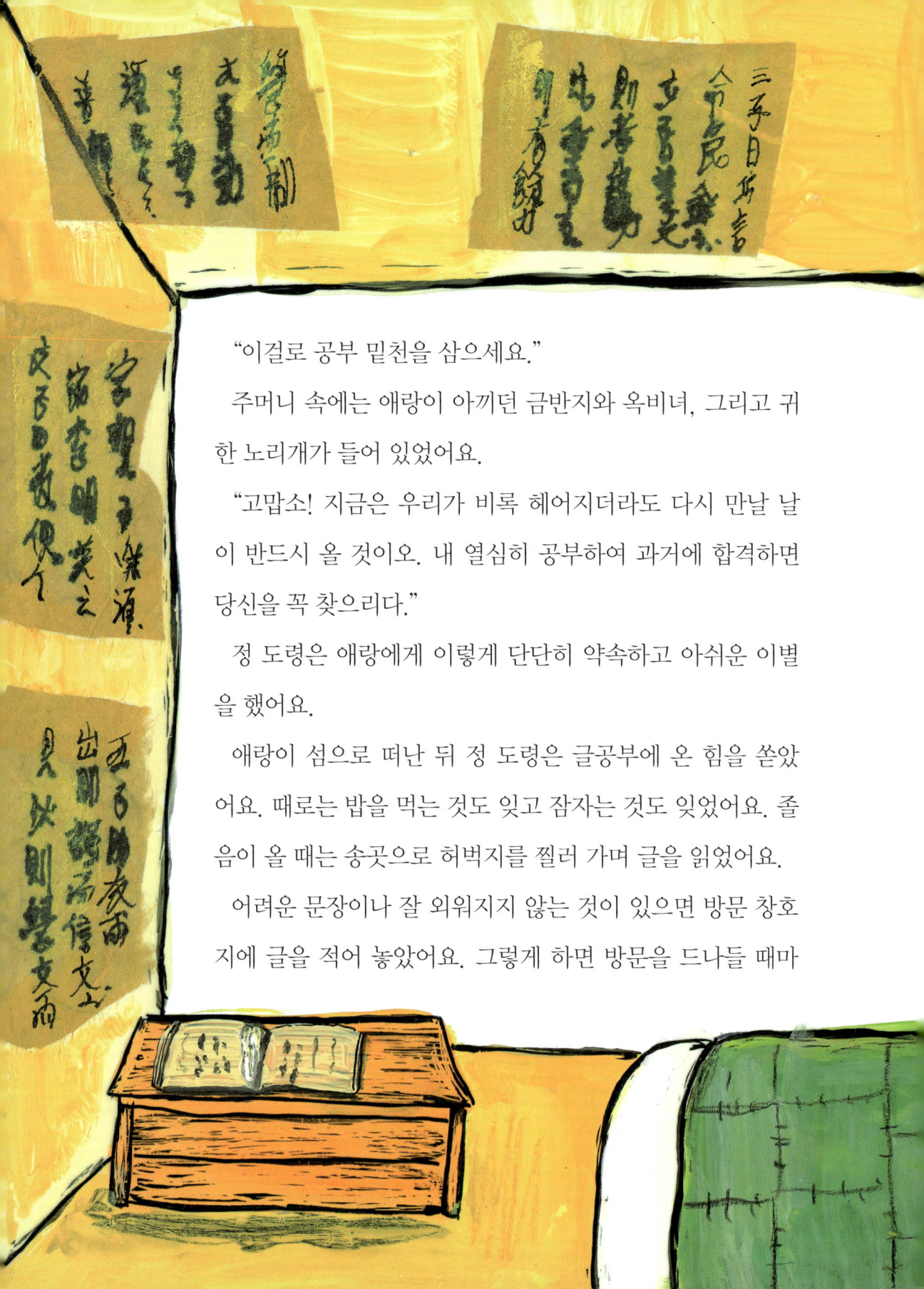

"이걸로 공부 밑천을 삼으세요."

주머니 속에는 애랑이 아끼던 금반지와 옥비녀, 그리고 귀한 노리개가 들어 있었어요.

"고맙소! 지금은 우리가 비록 헤어지더라도 다시 만날 날이 반드시 올 것이오. 내 열심히 공부하여 과거에 합격하면 당신을 꼭 찾으리다."

정 도령은 애랑에게 이렇게 단단히 약속하고 아쉬운 이별을 했어요.

애랑이 섬으로 떠난 뒤 정 도령은 글공부에 온 힘을 쏟았어요. 때로는 밥을 먹는 것도 잊고 잠자는 것도 잊었어요. 졸음이 올 때는 송곳으로 허벅지를 찔러 가며 글을 읽었어요.

어려운 문장이나 잘 외워지지 않는 것이 있으면 방문 창호지에 글을 적어 놓았어요. 그렇게 하면 방문을 드나들 때마

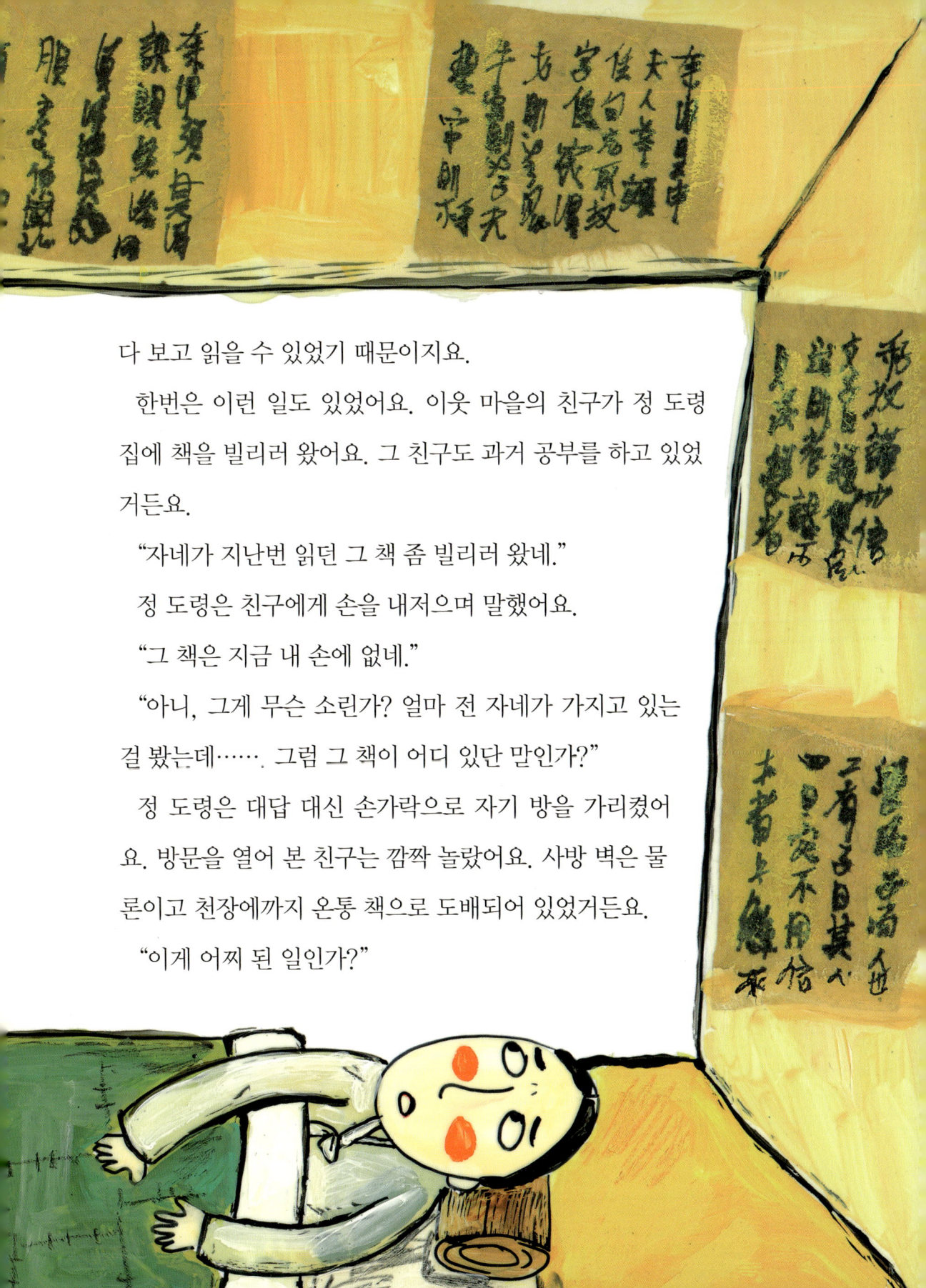

다 보고 읽을 수 있었기 때문이지요.

한번은 이런 일도 있었어요. 이웃 마을의 친구가 정 도령 집에 책을 빌리러 왔어요. 그 친구도 과거 공부를 하고 있었거든요.

"자네가 지난번 읽던 그 책 좀 빌리러 왔네."

정 도령은 친구에게 손을 내저으며 말했어요.

"그 책은 지금 내 손에 없네."

"아니, 그게 무슨 소린가? 얼마 전 자네가 가지고 있는 걸 봤는데……. 그럼 그 책이 어디 있단 말인가?"

정 도령은 대답 대신 손가락으로 자기 방을 가리켰어요. 방문을 열어 본 친구는 깜짝 놀랐어요. 사방 벽은 물론이고 천장에까지 온통 책으로 도배되어 있었거든요.

"이게 어찌 된 일인가?"

"내가 얼마 전 몸이 아파 며칠 간 앓아누워 있었다네. 그러니 책을 볼 수가 있어야지. 생각 끝에 책을 풀어 벽과 천장에 바른 것이네. 그러면 누워서도 얼마든지 책을 읽을 수 있지 않나?"

이 말을 듣고 친구는 혀를 내둘렀어요.

그 뒤로 몇 년이 흘러 정 도령은 한 고을을 다스리는 원님이 되었어요. 과거에 당당히 합격해 임금님으로부터 벼슬을 받게 된 것이지요.

'아, 그 옛날 외딴섬으로 쫓겨 간 애랑 아씨는 잘 있을까?'

정 도령은 그때부터 애랑을 찾기 시작했어요. 애랑이 쫓겨 간 섬이 어디인지 여기저기 수소문을 했어요. 있는 곳이 밝혀지면 정 도령은 어디든 한달음에 달려가고 싶은 마음이었지요.

한편 애랑은 외딴섬에서 외로운 나날을 보내고 있었어요. 매일같이 바닷가에 나와 육지 쪽을 바라보며 정 도령과 만날 날을 손꼽아 기다렸어요.

그러던 어느 날, 하얀 학 한 마리가 날아오더니 종이 한 장을 떨어뜨렸어요. 애랑이 얼른 종이를 주워 읽어 보니 꿈에도 그리던 정 도령의 편지였지요. 애랑은 기쁜 마음으로 당장 답장을 쓰고는 편지를 물고 온 학에게 다시 자기의 편지를 전했어요.

학이 가져온 편지를 받은 정 도령은 곧바로 애랑이 있는 섬으로 찾아갔어요. 그 뒤로 두 사람은 그 섬에서 오래도록 행복하게 잘 살았다고 해요.

사람들은 정 도령과 애랑이 다시 만난 그 섬을 '백령도'라고 불렀대요. 백령은 한자로 흰 백(白) 자, 날개 령(翎) 자를 써서 흰 날개를 가진 새, 즉 학을 뜻하는 말이랍니다.

조선 최고의 명재상 황희

　방촌 황희(1363~1452)는 조선 건국 초기의 문신이에요. 조선에서 가장 오랫동안 재상을 지낸 인물이지요. 재상은 임금을 바로 곁에서 돕고, 다른 관리들을 감독하는 최고책임자를 말해요.

　황희는 아직 고려 시대가 끝나지 않았을 때 과거 시험에 합격했어요. 성균관에서 공부하던 중 고려가 멸망하고 조선이 새로 세워졌지요. 갈 곳을 잃은 황희를 불러들인 사람은 조선을 건국한 임금, 태조 이성계였어요.

　새로운 왕조에서 일하게 된 황희는 정직하고 성실하게 나랏일을 돌보았어요. 그래서 사헌부, 형조, 예조, 병조, 이조, 승정원 등 여러 곳을 두루 거치며

황희

> 황희는 맹사성, 이원익과 함께 조선의 3대 청백리로 손꼽히지요.

갖가지 중요 관직에 올랐지요.

태종은 그런 황희를 특별히 아꼈어요. 황희 같은 뛰어난 관리가 있었기에 새로 세워진 조선이 안정적으로 자리를 잡을 수 있었거든요. 그래서 황희의 병을 고쳐준 내의에게 큰 상을 내리기도 했대요. 세종 역시 나랏일을 돌볼 때 제일 먼저 황희의 의견을 물었고요.

조선 최고의 명재상 황희는 '청백리'로도 유명해요. 청백리는 청렴하고 강직한 관리에게 붙여 주는 명예로운 호칭이지요. 황희는 무려 20여 년간 재상의 자리에 있으면서도 비가 새는 초가집에 살 정도로 검소했어요.

청렴하고 강직하며 지혜롭고 인품도 좋았던 황희는 모든 관리의 본보기이자 백성들에게 존경받는 인물이었답니다.

황희는 말년에 '반구정'이라는 정자를 지어 갈매기와 함께 여생을 보냈다고 해요.

어느 마을에 덕이와 현이라는 두 소년이 살고 있었어요. 이들은 어려서부터 같이 자란 친구로, 콩 한 쪽도 나눠 먹을 만큼 아주 사이가 좋았지요.

어느 해 봄, 두 소년은 들에서 소 먹일 풀을 뜯고 있었어요. 그런데 덕이가 낫질을 멈추고 한숨을 푹 내쉬더니 말을 꺼냈어요.

"사내대장부로 태어났으면 학문을 크게 이뤄 이름을 날리든가, 장군이 되어 말에 높이 앉아 수많은 군사를 호령하며 큰 공을 세워야 할 텐데, 우린 지금 이게 뭔가? 기껏 이 빠진 낫으로 쇠꼴이나 베고 있으니……."

덕이의 말을 조용히 듣고 있던 현이는 고개를 끄덕였어요. 사실 말은 하지 않았지만 현이도 그런 고민으로 요 며칠 잠을 설치고 있었거든요.

"음, 자네 말이 맞네. 그럼 이왕 말이 나온 김에 우리 둘이 멀리 떠나 공부를 해 보는 건 어떻겠나?"

이리하여 두 사람은 깊은 산속에 작은 오두막을 짓고 공부를 하기 시작했어요. 책을 읽다 모르는 것이 있으면 서로 묻고 가르쳐 주면서 말이에요.

"하늘 천, 따 지, 검을 현, 누를 황, '천지현황'이라……. 도대체 이게 무슨 뜻일까?"

"하늘은 검고 땅은 누르다는 뜻이니, 하늘과 땅의 생긴 모양을 말하는 것이 아니겠나?"

이렇듯 아는 것을 서로 나누다 보니 우정도 더욱 깊어 갔어요.

처음부터 단단히 마음을 먹고 시작한 까닭에, 두 사람 모두 책상 앞에 앉아 자세 하나 흐트러뜨리지 않고 열심히 공부했어요.

그런데 시간이 지날수록 현이의 태도가 조금씩 달라졌어요. 공부를 게을리 하기 시작한 거예요. 공부할 시간에 바깥을 쏘다니다 들어와서는, 책만 펴놓은 채 낮잠을 자는 일도 점점 많아졌어요. 덕이는 이런 현이의 모습을 안타까운 눈으로 바라보았어요.

어느 날 덕이는 조용히 현이를 불렀어요.

"자네 요즘 왜 그러나? 설마 공부를 포기한 것은 아니겠지?"

"어허, 공부를 포기하다니 그게 무슨 소린가? 난 요즘 전보다 더 열심히 공부하고 있다네."

현이의 말에 덕이는 어안이 벙벙했어요.

"아니, 요즘 매일 밖으로 나다니다 들어와서는 잠만 자면서 공부를 열심히 하고 있다니……. 자네 지금 날 놀리는 건가?"

덕이는 조금 화가 난 얼굴로 말했어요. 하지만 현이는 태연하게 웃으며 말했어요.

"허허허. 이 사람아, 어디 책만 열심히 본다고 공부인가? 내 비록 밖으로 쏘다니지만 내겐 그것이 더 큰 공부일세."

"그런 억지소리 그만하게. 책 속에 학문의 길이 있는데, 책도 보지 않으면서 공부를 한다니. 그런 엉터리 같은 말이 어디 있단 말인가?"

덕이는 현이의 말에 어이없다는 표정을 지었어요.

현이는 계속해서 자기의 생각을 털어놓았어요.

"내 얘기를 잘 들어 보게. 자네는 방에 앉아 책을 통해서 해를 뜻하는 날 일(日) 자, 달을 뜻하는 달 월(月) 자, 산을 뜻하는 뫼 산(山) 자, 냇물을 뜻하는 내 천(川) 자 등의 글자를 익히지. 하지만 나는 밖으로 다니면서 해가 동쪽에서 떠서 서쪽으로 지는 이치와 달이 보름마다 차고 기우는 원인을 생각해 보고, 산과 시내를 돌아다니면서 자연의 이치를 깨우친다네."

현이의 말은 나름대로 그럴듯했어요. 그러나 덕이도 지지 않고

"3년 뒤에 다시 보세."

자기의 생각을 말했어요.
"듣고 보니 자네 말도 틀린 것은 아니네. 하지만 무지렁이 농사꾼은 매일 들에 나가 일하고, 나무꾼은 산으로 돌아다니면서 자연의 흐름을 보고 느끼지만 그들이 크게 학문을 이루었다는 말은 들어 보지 못했네. 모름지기 학문이란 책을 통해 이루어지는 것이니, 내일부터는 다시 나와 열심히 공부하세."

이렇게 두 사람은 밤새도록 의견을 주고받았지만 결론이 나지 않았어요.

다음 날 아침 현이가 작은 괴나리봇짐 하나를 메고 덕이 앞에 나타났어요. 덕이는 깜짝 놀라 물었어요.
"아니, 자네 지금 어딜 가려고 그러나?"

"자네와 난 공부 방법이 서로 다른 것 같네. 우리 3년 뒤에 다시 만나 과연 누구의 생각이 옳았는지 내기를 해 보는 게 어떻겠나? 나는 곧장 먼 길을 떠날까 하네."

덕이는 현이를 말렸지만 고집을 꺾을 수가 없었어요.

"현이 자네 생각이 정 그렇다면 하는 수 없지. 어딜 가든 부디 몸조심하게."

"걱정하지 말고 3년 뒤에 다시 보세."

마침내 두 사람은 아쉬운 작별 인사를 나누었어요.

현이가 떠난 뒤 덕이는 전보다 더욱 열심히 공부했어요. 이왕 내기를 했으니 현이에게 뒤지기는 싫었거든요.

덕이는 공부하는 시간을 늘리기 위해 아침에는 더 일찍 일어나고, 저녁에는 더 늦게 잠을 잤어요. 그리고 졸음이 올 때는 찬물로 얼굴을 씻었지요. 이렇게 밤낮을 가리지 않고 책을 읽다 보니 천자문을 보지도 않고 줄줄 외우게 되었어요.

어느덧 3년이 지난 어느 날이었어요. 그날도 덕이는 아침 일찍 일어나 책을 읽고 있었어요. 그때 삿갓을 깊숙이 눌러쓴 사람 하나가 다짜고짜 사립문을 밀고 들어왔어요. 덕이는 잠시 책을 덮고 퉁명스럽게 말을 던졌어요.

"댁은 뉘신데 남의 집엘 말도 없이 들어오는 거요?"

그러자 그 사람은 삿갓을 살짝 들어 올리며 빙긋이 웃었어요.

"이 사람아, 벌써 친구의 얼굴을 잊었단 말인가?"

그 사람은 바로 3년 전에 떠난 현이였어요. 두 사람은 서로 얼싸안고 기뻐 어쩔 줄 몰랐지요.

"그래, 그동안 무얼 하며 지냈나?"

"여기저기 돌아다니며 세상살이를 배웠다네. 자네는 그동안 열심히 책을 읽었을 테니 실력이 많이 늘었겠지?"

현이의 말에 덕이는 그동안 갈고닦은 실력을 보여 주었어요. 눈을 감은 채 천자문을 줄줄 외우자 현이는 훌륭하다며 칭찬을 아끼지 않았어요. 덕이는 쑥스러운 듯 현이에게 말했어요.

"자네도 세상살이를 배웠다고 하지 않았나? 어디 실력을 한번 보여 주게나."

덕이가 계속 조르자 현이는 마지못해 입을 열었어요.

"자네가 아까 외운 천자문 중에 날 일(日)과 달 월(月)이란 글자가 있었네. 그 두 글자를 합치면 무슨 자가 되는지 아는가?"

현이의 물음에 덕이는 모르겠다는 듯 고개를 흔들었어요.

"그럼, 입 구(口) 자와 새 조(鳥) 자가 합쳐지면 무슨 뜻의 글자가 되는지 아는가?"

이번에도 덕이는 고개를 가로저었어요. 그러자 현이가 조용히 말했어요.

"잘 들어 보게. 해와 달은 모두 밝지 않은가? 그러니 해를 뜻하는 날 일(日)과 달을 뜻하는 달 월(月)이 합쳐지면 '밝을 명(明)' 자가 되는 걸세. 또 입 구(口)와 새 조(鳥)가 더해지면 새가 운다는 뜻이니 '울 명(鳴)' 자가 되는 것이고."

"옳거니! 과연 그렇구만."

"한자에는 수만 개의 글자가 있지만, 이런 식으로 뜻을 해석하면 그 많은 글자도 어렵지 않게 익힐 수 있네. 나는 세상을 돌아다니며 그 이치를 깨치는 공부를 했다네."

日 날 일 + 月 달 월 = 明 밝을 명

현이의 말을 듣고 덕이는 입을 다물지 못했어요. 덕이는 감탄하며 현이의 손을 잡고 이렇게 말했어요.

"나는 책상에 앉아 겨우 천자문을 깨쳤네. 하지만 자네는 세상을 돌아다니며 만자문을 깨쳤네 그려!"

이렇듯 공부는 책을 통해서 하는 것도 중요하지만, 세상살이의 여러 가지 모습을 직접 보고 듣고 경험해 보는 것도 중요하다는 사실을 우리 모두 잊지 말아야겠지요?

궁중 음악을 새롭게 한 박연

　난계 박연(1378~1458)은 조선 전기의 문신이자 음악가예요. 고구려의 왕산악, 신라의 우륵과 함께 우리나라 3대 음악의 성인으로 불리지요.
　과거 시험에 합격한 뒤 집현전에서 일하던 박연은 세종 때 '악학별좌'라는 벼슬을 받고 음악과 관련한 일을 하게 되었어요. 박연은 음악 이론을 연구하고 악보를 정리하였는데, 작곡과 연주 실력도 뛰어났지요.

종묘제례악은 유네스코가 선정한 세계무형유산이에요.

편경

편경은 추위와 더위에도 소리가 변하지 않아, 국악 연주에서 음정을 잡는 기준이 되지요.

　특히 박연은 세종을 도와 궁중 음악을 정리하고 새로이 탄생시켰어요. 박연이 정리한 '종묘제례악'과 '문묘제례악'은 오늘날까지 전해오고 있지요.
　또한 박연은 '편경'이라는 악기를 새로 만들기도 했어요. 편경은 돌로 만든 타악기로, 원래 중국의 악기예요. 하지만 박연은 우리나라에서 나는 돌을 이용해 우리 음악에 맞고 더 맑은 소리가 나는 독창적인 편경을 만들었어요.
　박연은 늙어서 아들이 지은 죄 때문에 벼슬에서 쫓겨났어요. 박연은 피리를 불며 고향으로 내려갔는데, 그 피리 소리가 어찌나 쓸쓸하던지 듣는 사람 모두가 눈물을 흘렸다고 해요.
　고향에서 남은 생애를 보낸 박연은 81세에 세상을 떠났어요. 하지만 음악에 혼을 쏟았던 그의 정신은 오늘날까지 이어져 내려오고 있어요. 지금도 박연의 고향 충청북도 영동에서는 해마다 '난계국악축제'가 열리고 있답니다.

옛날 한 고을에 김 씨 성을 가진 선비가 살고 있었어요. 김 선비는 밤낮없이 글만 읽었기 때문에 집이 몹시 가난했지요.

"에구, 허구한 날 저렇게 책만 읽으면 그 속에서 밥이 나오나, 떡이 나오나?"

김 선비의 아내는 방에서 꿈쩍도 않는 남편을 보고 이렇게 투덜댔어요. 남편이 일을 하지 않으니 먹고 살 일이 막막했던 거지요. 사실 김 선비 집은 아내 혼자서 농사를 짓고 길쌈을 해서 겨우겨우 생활해 가는 형편이었거든요.

그러던 어느 해 가을이었어요. 아내는 한 해 동안 정성 들여 거두어들인 곡식을 마당에 널고 있었어요. 곡식을 가을볕에 잘 말려야 오랫동안 저장할 수 있기 때문이에요.

아내는 곡식을 마당에 골고루 넌 뒤, 낫을 들고 사립문을 나섰어요. 아직도 밭에는 가을걷이할 곡식들이 많이 남아 있었거든요.

대문을 나서던 아내는 문득 발길을 멈췄어요. 혹시 소낙비가 내리면 어떡하나 걱정이 되었던 거예요. 가을에는 날씨가 맑다가도 소낙비가 내리는 일이 잦았기 때문이지요.

아내는 발길을 돌려 선비가 있는 방문을 두드렸어요. 방 안에서는 두런두런 글 읽는 소리가 들렸어요. 아내는 방 안을 향해 크게 소리쳤지요.

"저는 들일을 다녀올 테니 마당에 넌 곡식 좀 돌보세요. 혹시 비가 오면 얼른 처마 밑으로 거둬들이란 말이에요."

아내의 이야기를 들었는지 못 들었는지 방에서는 김 선비의 글 읽는 소리만 낭랑히 들려 올 뿐이었어요. 아내는 다시 한번 부탁의 말을 남기고 밭으로 향했어요.

밭에는 잘 익은 수수가 바람에 넘실대고 있었어요. 아내는 수숫대를 낫으로 하나하나 베며 흐뭇한 마음이 들었어요. 이걸로 수수팥떡을 해 먹을 생각을 하니 벌써 배가 부른 것 같았지요.

한참 동안 들일을 열심히 하다 아픈 허리를 펼 때였어요. 저쪽

하늘에서 난데없이 먹구름이 몰려오고 있었지요.

"날씨가 심상찮군. 한바탕 소낙비라도 오겠는걸."

그 말이 끝나기가 무섭게 '후드득후드득' 빗방울이 떨어지기 시작하더니 곧 비가 억수같이 쏟아졌어요. 아내는 얼른 큰 나무 아래로 몸을 피했어요.

'이런, 마당에 곡식을 널어놓고 왔는데……. 남편에게 부탁해 놓고 왔기에 망정이지 하마터면 곡식을 다 망칠 뻔했군!'

아내는 참 다행한 일이라 생각했어요. 얼마 지나지 않아 억수같이 퍼붓던 소낙비는 언제 그랬냐는 듯이 말끔히 그쳤어요. 아내는 하던 일을 마저 끝내고 집으로 돌아갔어요.

"에구머니나, 이를 어째?"

대문을 들어서던 아내는 기절할 듯이 놀랐어요. 입이 딱 벌어져 말이 나오지 않았지요. 마당에 널어놓은 곡식이 이리저리 흩어진 채 빗물에 흥건히 젖어 있었던 거예요.

　아내는 부리나케 김 선비의 방으로 쫓아 들어갔어요. 그때까지도 김 선비는 글을 읽느라 정신이 없었어요. 아내가 방에 들어와 옆에 서 있는 것도 몰랐지요.
　아내는 화가 머리끝까지 나 소리를 꽥 질렀어요.
　"비가 오면 곡식을 처마 밑으로 거둬들이라고 신신당부를 했건만, 당신은 어찌 곡식이 다 젖도록 책만 읽고 있단 말이오!"
　그제야 김 선비는 문을 열고 마당을 내다보았어요. 아내의 말대로 마당에 널어놓은 곡식은 엉망이 되어 있었어요.
　"아니, 언제 이렇게 비가 왔지? 난 책에 정신이 팔려 까맣게 모르고 있었는걸."
　김 선비는 쑥스럽고 미안한 얼굴로 머리를 긁적였어요.

이를 보고 아내는 더욱 기가 막혔어요.

"내가 못 살아! 저런 남편을 믿고 지금까지 살아온 내가 바보지. 에구, 내 팔자야!"

아내는 손으로 자기 가슴을 쳤어요. 한동안 한숨을 푹푹 내쉬던 아내는 더는 남편과 같이 살 수 없다고 생각하고 그 길로 보따리를 싸서 집을 나갔어요.

아내가 집을 나간 뒤에도 김 선비는 여전히 공부를 게을리 하지 않았어요. 부지런히 글을 익혀 다음 과거에는 꼭 합격을 하겠다는 각오를 굳혔던 거지요.

그러던 어느 날 저녁이었어요. 김 선비가 조용히 글을 읽고 있었는데 이웃집 할머니가 아들이 보낸 편지를 들고 찾아왔어요. 할머니는 까막눈이라 편지를 읽을 수 없었던 거예요.

"선비님, 안에 계십니까?"

할머니가 부르는 소리를 듣고 김 선비는 벌떡 일어섰어요. 그런데 방문을 막 열려고 하는 순간, 누가 상투를 잡아채기라도 한 양 뒤로 벌렁 넘어졌어요.

"어이쿠, 아야!"

김 선비가 넘어지는 소리를 듣고 놀란 할머니가 얼른 방문을 열어 보았어요. 할머니는 김 선비의 이상한 모습을 보고 깜짝 놀랐어요. 김 선비의 상투에는 끈이 묶여 있고, 그 끈의 한쪽 끝이 천장에 매달려 있었거든요.

"선비님, 괜찮으세요? 그런데 상투에 웬 끈이……."

김 선비는 몸을 일으키며 상투에 묶인 끈을 풀었어요. 그러고는 쑥스러운 듯 말했지요.

"밤에 글을 읽다 보면 자꾸 졸음이 와서요. 이렇게 상투를 천장에 매달아 놓으면 졸음을 쫓을 수 있거든요. 꾸벅꾸벅 졸 때마다 머리카락이 당겨 아프기 때문이지요, 허허허!"

할머니도 김 선비를 따라 같이 웃었어요.

김 선비가 상투까지 천장에 매달고 밤낮으로 공부한다는 소문은 곧 온 동네에 퍼졌어요. 마침 어사또가 이 고을을 지나다가 그 소문을 듣고 임금님에게 글을 올렸지요.

얼마 후 김 선비는 임금님의 부름을 받게 되었어요. 임금님이 직접 만나 본 김 선비는 학문이 깊고 아는 것이 많았지요. 그래서 임금님은 김 선비에게 벼슬을 내렸어요.

김 선비가 마을로 돌아오자 동네 사람들이 모두 나와 환영해 주었어요. 그 중에는 김 선비의 옛날 아내도 끼어 있었어요.

아내는 임금님에게 벼슬을 받은 사람이 옛날의 남편인 것을 알고 깜짝 놀랐어요. 그리고 지난날 남편을 버리고 도망갔던 일을 뒤늦게 후회했지요.

어느 날 아내는 용기를 내어 김 선비를 찾아갔어요. 김 선비는 옛정을 생각해서 옛 아내를 반갑게 맞아 주었지요. 아내는 남편에게 엎드려 지난날의 잘못을 빌었어요.

"서방님, 옛날에는 제가 생각이 짧았어요. 그때의 일을 깊이 뉘우치고 후회하고 있으니, 저를 용서하고 다시 아내로 맞아 주실 수 없겠어요?"

이렇게 아내는 눈물을 흘리며 애원했어요.

김 선비는 아내의 말을 듣고 한동안 곰곰이 생각에 잠겼어요. 그러더니 마침내 무거운 목소리로 입을 열었어요.

"부엌에 가서 그릇 하나만 가져오시오."

그 말을 듣고 아내는 재빨리 그릇을 가져왔어요. 김 선비는 그릇을 받아 들고는 방바닥에다 힘껏 내던졌어요. 그릇은 산산조각이 나 버렸지요. 아내가 놀라 어찌할 줄을 모르고 있을 때 김 선비가 말했어요.

"이 깨진 그릇을 원래의 모습대로 다시 붙일 수 있겠소?"

"무슨 수로 조각난 그릇을 그렇게 하겠어요?"

"그렇소. 깨진 그릇을 다시 붙일 수 없는 것처럼 우리 관계도 마찬가지 아니겠소. 한번 헤어진 아내를 새로 맞아들일 수는 없는 노릇이오."

그 말을 듣고 아내는 고개를 떨어뜨린 채 그 자리를 물러 나올 수밖에 없었어요.

여기서 '깨진 그릇 맞추기'란 속담이 생겼다고 해요. 이 말은 다시 돌이킬 수 없는 커다란 실수를 뜻한답니다.

평생 절개를 지킨 김시습

　매월당 김시습(1435~1493)은 조선 전기의 학자예요. 어릴 적부터 신동 소리를 듣고 자란 김시습은 세 살 때 시를 지었고, 다섯 살 때엔 당시 임금이었던 세종 앞에 불려 가 시를 지어 보이고 큰 사랑을 받기도 했지요.

　세종이 죽은 뒤 1455년 수양대군이 조카인 어린 단종을 몰아내고 왕위를 차지했어요. 그러자 슬픔에 빠진 김시습은 자신이 갖고 있던 책을 모두 불태워 버렸어요. 그리고 더는 벼슬길에 마음을 두지 않기로 하고 스스로 중이 되어 오랜 방랑길에 올랐지요.

김시습

김시습은 뛰어난 글솜씨로 《금오신화》라는 명작을 탄생시켰어요.

금오신화

9년간 금강산을 비롯해 이 산 저 산을 떠돌던 김시습은 1465년 경주 금오산에 암자를 짓고 들어갔어요. 바로 여기서 《금오신화》가 탄생했지요.

《금오신화》는 김시습이 지은 한문 소설집이에요. 신비하고 환상적인 내용의 소설들로, 훗날 우리나라에 소설이라는 문학양식이 자리잡는 데 큰 영향을 끼쳤어요. 《금오신화》에는 원래 여러 편의 이야기가 있었다고 하는데, 아쉽게도 오늘날까지 전해지고 있는 것은 〈만복사저포기〉, 〈이생규장전〉 등 총 다섯 편뿐이에요.

김시습은 평생 벼슬을 하지 않고 은둔과 방랑 생활을 하며 끝까지 단종에 대한 절개를 지켰어요. 그래서 '생육신' 중 한 사람으로 꼽힌답니다. 무량사에서 조용히 세상을 떠났고, 3년 뒤 사람들이 김시습의 시신을 봤을 때 그 얼굴빛이 살아생전과 똑같았다고 해요. 김시습이 부서가 되었다고 믿은 사람들은 그를 불교식으로 화장한 뒤 남은 유골을 탑에 모셔 두었답니다.

충청남도 부여군 무량사에는 김시습의 사리가 모셔진 부도가 있어요.

'아, 어느새 글씨 공부를 하기 위해 집을 떠난 지 3년이 지났구나. 어머니는 몸 건강히 잘 지내고 계실까?'

소년은 먼 산을 바라보며 생각에 잠겼어요. 소년의 눈에는 그렁그렁 눈물이 맺혔지요. 자기를 뒷바라지하느라 고생하고 있는 어머니의 얼굴이 떠올랐기 때문이에요.

그날 저녁 소년은 글방 선생님을 졸라 집에 다녀올 수 있도록 허락을 받았어요. 십 년 공부를 끝내고 돌아오겠다는 어머니와의 약속을 까맣게 잊은 채 말이에요.

소년은 어서 빨리 어머니를 만나고 싶은 마음이 간절했어요. 그래서 며칠 동안 쉬지 않고 부지런히 걸어 드디어 집이 있는 마을에 도착했지요.

소년은 집이 내려다보이는 언덕에서 잠시 걸음을 멈추었어요. 그 옛날 집을 떠나기 전 글씨 공부를 하던 때를 생각하니 느낌이 새로웠던 거지요.

소년은 일찍이 아버지를 여의고 홀어머니 밑에서 자랐어요. 어머니가 떡장사를 해서 겨우 살림을 꾸려 나갔기 때문에 집이 몹시 가난했지요.

소년은 어려서부터 글씨 쓰는 솜씨가 보통이 아니었어요. 어린 아이가 쓰는 글씨라고는 믿기 어려울 만큼 남다른 재주를 타고났지요. 하지만 쓰고 싶은 대로 마음껏 글씨 연습을 할 수가 없었어요. 집이 너무 가난해 종이를 살 돈이 없었거든요.

가끔 어머니가 떡장사를 해서 모은 돈으로 종이를 사 오기도 했어요. 하지만 그 종이는 얼마 가지 않아 금세 없어졌어요. 소년이 종이만 생기면 밤낮을 가리지 않고 부지런히 글씨 연습을 했기 때문이지요.

어머니는 아들에게 마음껏 종이를 사 주지 못해 늘 안타까워했어요. 소년은 어머니가 고생하는 것을 생각해서 조금이라도 종이를 아껴 쓰려고 애를 썼어요. 한번 글씨를 쓰고 나면 빈 공간을 찾아 다시 글씨 연습을 했어요. 나중에는 종이가 온통 먹물로 새까맣게 변했지요. 그래도 늘 종이가 모자랐어요.

하루는 소년이 산에서 나무를 할 때였어요. 지게를 받쳐 놓고 쉬다가 낫으로 땅바닥에 글씨를 썼지요.

그런데 문득 커다란 떡갈나무 잎이 눈에 띄었어요.
'그래, 바로 저거야! 내가 왜 진작 그 생각을 못 했을까?'
소년의 눈에는 커다란 나뭇잎이 종이처럼 보였던 거예요.
다음 날 소년은 산에 오르면서 붓과 먹과 벼루를 지게 위에 얹어 가지고 갔어요.

소년은 산에 오르자마자 지게를 팽개친 채 벌레가 먹지 않은 깨끗한 나뭇잎을 골랐어요. 그런 다음 그 위에 글씨를 썼지요.

"야아, 생각보다 글씨가 잘 써지는데……."

소년의 얼굴에는 환한 웃음이 가득했어요. 이제 종이가 없더라도 마음껏 글씨를 쓸 수 있게 되었으니까요.

어느덧 겨울이 되었어요. 소년은 우울한 기분에 휩싸였지요. 나뭇잎이 바짝 말라서 더는 글씨를 쓰기가 어려웠기 때문이에요.

소년은 바위에 걸터앉아 시냇물을 바라보았어요. 그때 퍼뜩 머릿속을 스치는 것이 있었어요. 소년은 잽싸게 개울가로 내려가 물을 떠 왔어요. 그러고는 벼루에 먹을 갈더니 자기가 앉아 있던 평평한 바위 위에 글씨를 쓰기 시작했어요.

"바위가 좀 거칠긴 하지만 제법 글씨를 쓸 만하군."

소년의 얼굴은 다시 밝아졌어요. 바위에 글씨가 가득 차면 물로 씻어 낸 다음 새로 글씨를 썼어요.

나중에는 먹도 다 떨어졌어요. 그러자 그냥 맹물을 붓끝에 묻혀 글씨를 썼어요. 글씨가 햇볕에 다 마르면 또 그 위에 글씨를 쓰곤 했지요.

'아, 먹과 종이를 마음껏 쓸 수 있다면 얼마나 좋을까? 종이는

 그만두고 먹이라도 실컷 쓸 수 있었으면…….'
 소년은 산에서 내려오면서 이런 생각에 잠겼어요. 그렇다고 고생하는 어머니에게 종이와 먹을 더 사 달라고 말할 수는 없었어요. 소년의 집은 하루 세 끼를 챙겨 먹기에도 빠듯했으니까요.
 답답해진 소년은 동네 어른을 찾아가 먹을 어떻게 만드는지 물어 보았어요.
 "먹 말이냐? 소나무의 송진을 불에 태우면 그을음이 생긴단다.

그것을 뭉쳐 단단하게 굳힌 게 먹이지."
 동네 어른의 얘기를 듣고 소년은 좋은 생각이 떠올랐어요. 소년은 곧바로 집으로 달려가 부엌으로 향했어요. 그러고는 부엌 아궁이에 손을 집어넣고 무언가를 열심히 긁어모았어요. 가마솥 밑에는 그을음, 즉 검댕이 잔뜩 붙어 있었거든요. 옛날에는 매일 아궁이에 불을 때서 밥을 지어 먹었으니까요.
 검댕을 물에 풀어 잘 저으니 제법 먹과 비슷했어요. 소년은 그것으로 글씨 연습을 했어요.
 하루는 소년이 아궁이에 머리를 디밀고 검댕을 긁어모으고 있을 때였어요. 마침 어머니가 떡장사를 마치고 집에 돌아와 그 모습을 보았어요.
 "아니, 애야! 너 지금 거기서 뭐 하는 거니?"
 어머니는 놀란 얼굴로 소년을 쳐다보았어요. 소년의 얼굴과 옷에는 검댕이 잔뜩 묻어 있었어요.
 "저, 사실은……."
 소년은 그동안의 일을 어머니에게 솔직하게 말씀드렸어요. 그 얘기를 듣고 난 어머니는 무척 가슴이 아팠어요. 아들의 뒷바라지를 풍족하게 해 주지 못하는 자신이 원망스러웠던 거예요.

며칠 뒤 어머니가 조용히 소년을 불렀어요. 소년이 다소곳이 무릎을 꿇고 앉자, 어머니가 엄숙한 목소리로 말했어요.

"내가 그동안 곰곰이 생각해 봤는데 너를 이대로 놔둬선 안되겠구나. 그래서 너를 가르칠 스승님을 알아봤느니라. 너는 앞으로 십 년 동안 집을 떠나 열심히 공부하여 훌륭한 사람이 되거라. 네가 천하의 명필이 되어 돌아올 날을 손꼽아 기다리마."

다음 날 아침, 소년은 어머니가 싸 준 짐을 챙겨 들고 곧바로 길을 떠났어요. 소년은 훌륭한 스승 밑에서 공부하게 된 것이 기뻤지만, 한편으론 어머니와 헤어지는 것이 너무도 아쉬웠지요.

'아, 어머니……'

소년은 동구 밖에서 자신이 사라질 때까지 손을 흔들어 주던 어머니의 모습이 떠올랐어요. 그래서 서둘러 자리를 털고 일어나 언덕을 내려갔지요.

소년은 사립문을 열고 안으로 들어갔어요. 흐릿한 불빛 아래 '똑똑똑' 떡을 썰고 있는 어머니의 모습이 방문에 어른거렸어요.

"어머니, 제가 돌아왔습니다."

순간 떡 써는 소리가 멈추더니 조용히 방문이 열렸어요.

"아니, 십 년 공부를 약속하고 떠난 네가 벌써 돌아오다니. 이게 어찌 된 일이냐?"

"예, 어머니께서 잘 계신지 뵙고 싶어 왔습니다. 그동안 글씨도 많이 늘었고요."

어머니는 반가워하는 기색은 전혀 없이 아들을 방 안으로 불러 앉혔어요.

"글씨 공부가 늘었다니 내가 한번 시험해 보자꾸나. 어서 종이와 붓을 꺼내거라."

어머니는 불을 끄게 한 다음 떡을 썰었어요. 소년은 그동안 갈고닦은 실력을 발휘하여 정성껏 글씨를 썼어요.

마침내 어머니가 불을 켰어요. 그런데 불빛 아래 드러난 소년의 글씨는 삐뚤삐뚤한 것이 형편없었어요. 반면 어머니가 썬 떡의 모

아, 나의 실력이 고작 이 정도라니…….

양은 모두 똑같았어요. 소년은 부끄러워 쥐구멍이라도 찾고 싶은 심정이었지요.

"네 실력을 이제 알겠느냐? 이웃집 개에게 붓을 물려 줘도 그 정도 글씨는 쓰겠구나. 날이 밝기 전에 당장 떠나거라!"

소년은 어머니의 호된 꾸지람을 받고 크게 깨우친 것이 있었어요. 그 길로 다시 집을 떠난 소년은 피나는 노력 끝에 조선의 명필이 되었어요. 나중에 호를 석봉이라 지었는데, 이 소년이 바로 중국에까지 이름을 떨친 한석봉이지요. 한석봉은 누구나 어려움을 이겨 내고 꾸준히 노력하면 자기의 꿈을 이룰 수 있다는 교훈을 남겼어요.

백두 낭자·한라 도령이 만난 우리 역사 속 학자들

성리학의 큰 산맥 이황

퇴계 이황(1501~1570)은 조선 중기의 학자로 성리학의 가장 큰 산맥을 이룬 사람이에요. 성리학은 유학의 한 갈래이지요.

이황은 태어나기도 전에 아버지를 여의고 홀어머니 밑에서 자랐어요. 하지만 일찍이 그의 총명함을 알아본 숙부에게서 학문을 배우게 되었지요. 줄곧 독서에 빠져 살았던 이황은 먹고 자는 것도 잊을 만큼 공부한 탓에 건강을 많이 해쳤다고도 해요.

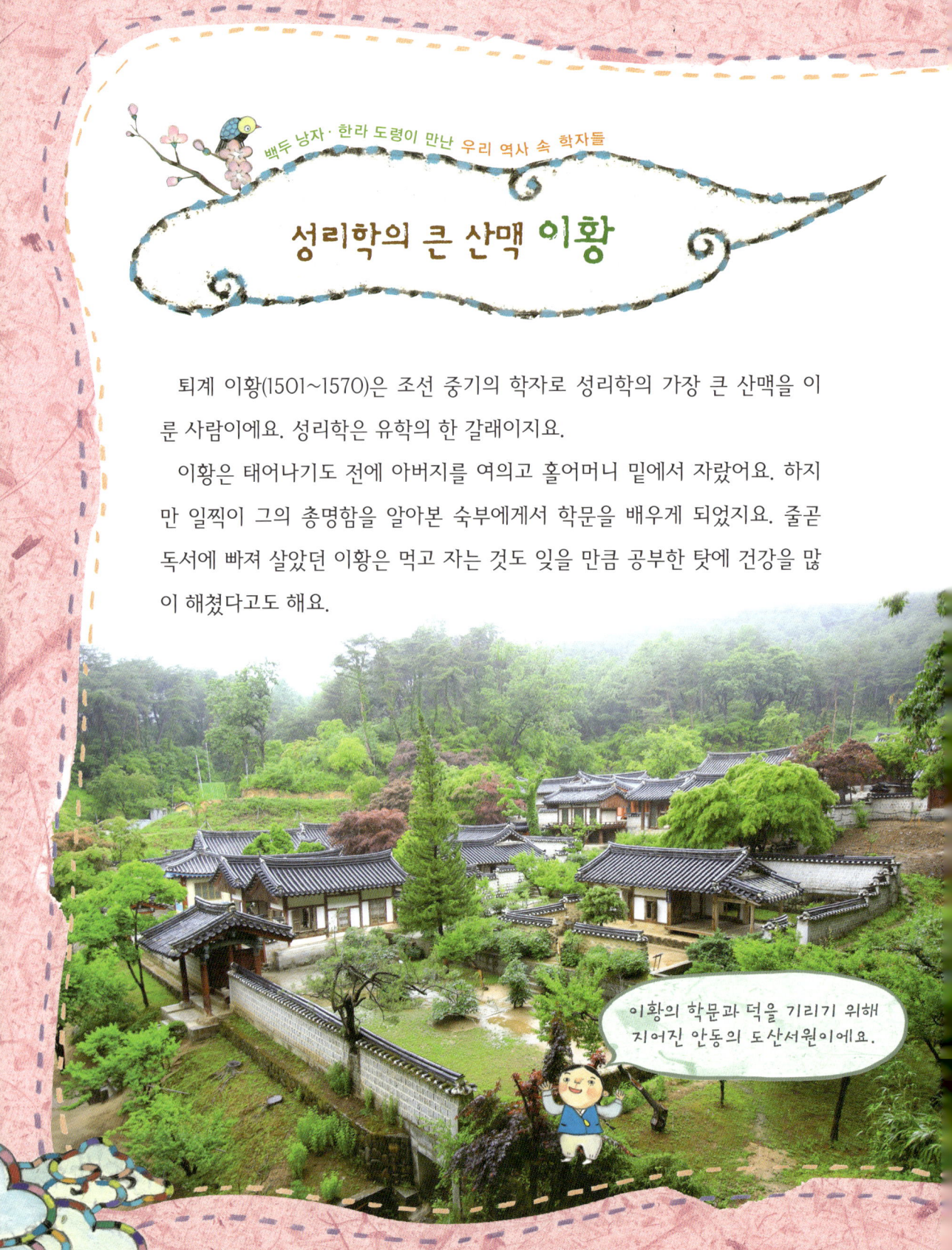

이황의 학문과 덕을 기리기 위해 지어진 안동의 도산서원이에요.

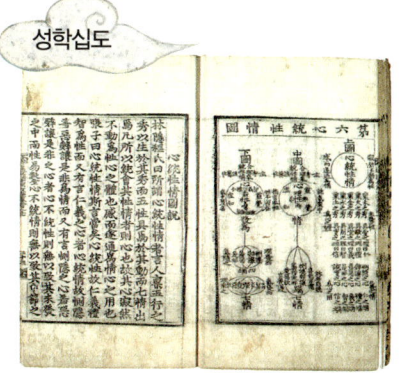

이황은 과거에 합격한 이후 관직에 들어가 승진을 거듭했지만, 46세에 모든 벼슬을 버리고 고향에 돌아와 학문에만 전념했어요.

60세가 되던 해에 도산서당을 지은 이황은 성리학을 가르치며 수많은 제자를 길러 냈어요. 양반이 아닌 상민의 자제들도 뜻만 있으면 이황의 수업을 들을 수 있었지요.

이황은 늙어서도 지치지 않는 열정으로 학문에 힘써 자신의 사상을 완성해 나갔어요. 말년에는 어린 선조를 위해 성리학을 그림으로 쉽게 풀어쓴 《성학십도》라는 책을 써 바쳤어요. 이 밖에도 이황이 남긴 수많은 책과 그의 사상은 우리나라를 넘어 중국과 일본에까지 큰 영향을 미쳤답니다.

이황은 일본에서도 존경받는 대학자랍니다.

열세 번 과거에 도전한 칠전팔기의 선비

"여봐라, 과거 시험장으로 나를 안내하거라."

임금님은 과거가 있을 때마다 친히 시험장에 나갔어요. 선비들이 열심히 글을 짓는 모습이 보기 좋았기 때문이지요.

'허어, 저 선비가 또 왔구나!'

천천히 과거 시험장을 살피던 임금님의 눈길이 한 선비에게 멈추었어요. 그 선비는 과거가 있을 때마다 빠짐없이 나타났기 때문에 임금님의 눈에 익었던 거예요.

'저 정도 열성이면 과거에 합격할 만도 한데……'

임금님은 그 선비가 써낸 글을 가져오게 했어요. 선비의 글씨는 보기 드문 명필인 데다 문장도 썩 훌륭했어요. 그러나 안타깝게도 딱 한 구절이 틀려서 이번에도 낙방하고 말았지요.

'쯧쯧, 참으로 딱한 일이로다.'

임금님은 혼잣말로 중얼거리다 무슨 생각을 했는지 급히 궁 안으로 들어갔어요. 잠시 후 과거 시험장으로 다시 나온 임금님의 차림새는 여느 선비들과 다름없었어요. 누구도 임금님이라고 눈치채지 못할 만큼 평범한 차림이었지요.

임금님은 슬쩍 그 선비의 곁으로 다가가 시치미를 뚝 떼고 물었어요.

"선비님은 어디서 온 뉘시오? 시험은 잘 보셨소이까?"

"나는 충청도 진천에서 온 이권식이라 하오. 이번이 열두 번째인데 또 낙방했소이다."

"거 참 안됐구려. 시험을 그만큼 많이 봤다니 한 번은 합격할 만도 한데……. 혹 학문을 게을리 한 것은 아니오?"

"아니, 거 무슨 당치않은 소리요?"

선비는 화를 버럭 내며 한숨을 푹 쉬었어요. 그러고는 자기의 이야기를 털어놓았어요.

사실 선비는 평소에도 글 읽기를 좋아하여 늘 책 속에 묻혀 살았어요. 그러다가 과거를 본다는 소문이 돌기라도 하면 글공부로 날밤을 샜지요.

어디 그뿐인가요? 외출할 때는 책을 한 장씩 떼어 이를 소매 속에 넣고 다녔어요.

그러면서 틈틈이 소매 속을 뒤져서 책을 외웠어요. 그래서 책 한 권을 다 외우고 나면 겉표지만 책상 위에 덩그러니 남아 있곤 했답니다.

선비의 이야기를 듣고 난 임금님은 고개를 끄덕였어요.

"허허, 그렇게 학문을 열심히 닦았는데도 합격을 못 했다면 과거에 운이 없었나 보구려. 그래, 과거에 급제하여 벼슬 얻는 것이 그렇게도 소원이오?"

임금님은 풀이 잔뜩 죽어 있는 선비에게 물었어요.

"글 읽는 선비치고 누군들 그런 꿈이 없겠소? 나는 선비 가문에서 태어나 어려서부터 줄곧 학문을 갈고 닦았소. 그렇게 학문을 익힌 뜻은 이 나라와

백성을 위해 쓰자는 것 아니겠소?"

임금님은 선비의 마음가짐이 올바르다는 것을 알고 고개를 끄덕였어요. 그러고는 선비의 소매를 끌고 다른 사람들의 눈을 피해 한적한 곳으로 갔어요.

"소문을 듣자 하니 이번 과거에는 급제한 사람이 없어서 앞으로 석 달 뒤 다시 과거가 열린다고 하더이다."

"아니, 그게 정말이오?"

"그렇소. 그런데 이번 과거 시험은 지금까지 한 번도 시행된 적이 없는 아주 특이한 방법이라 하더이다."

이 대목에서 임금님은 더욱 목소리를 낮추어 말했어요.

"내 선비님께만 귀띔해 드리리다. 이번에는 글을 짓는 게 아니라, 아주 높은 장대 끝에 글자 한 자를 매달아 놓고 무슨 자냐고 묻는다고 합니다."

"에이, 그럼 나 같은 사람은 꿈도 꾸지 말아야겠구려. 천리안이 아닌 다음에야 어떻게 그 글자를 맞히겠소?"

선비가 몹시 실망한 듯한 표정을 짓자 임금님은 손을 저으며 계속 말했어요.

"아니오, 선비님께서는 꼭 그 시험을 보십시오. 내 듣자 하니 그 글자는 '갈매기 구(鷗)' 자라 하더이다."

선비는 고개를 갸웃거리며 믿을 수 없다는 표정을 지었어요.

"한번 믿어 보시오. 내 비록 보잘 것 없으나, 삼정승 육판서 같은

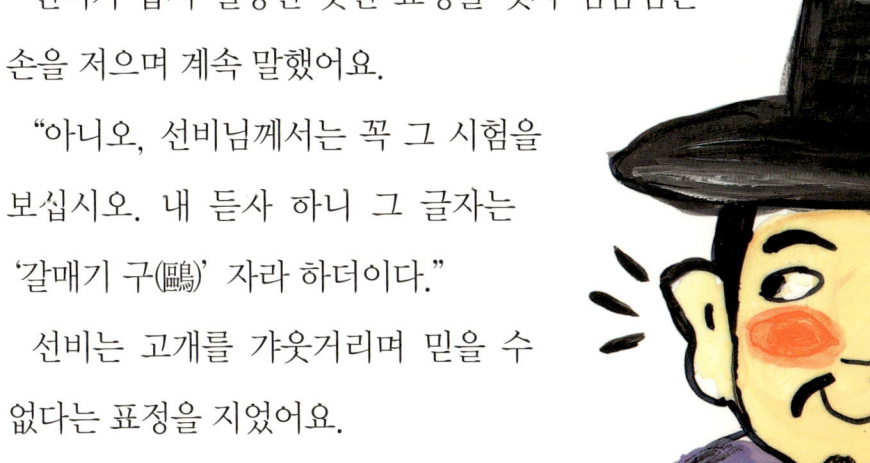

조정의 높은 벼슬아치가 다 나와 절친하게 지내는 관계요. 그들을 통해 들은 말이니 결코 헛된 말이 아닐 거외다."

그제야 선비는 정중히 고마움을 표시하고 발길을 돌렸어요.

"갈매기 구, 갈매기 구……."

선비는 고향으로 돌아오면서 혀가 닳도록 '갈매기 구'를 외웠어요. 그러다 보니 자다가도 갈매기 구, 꿈결에도 갈매기 구, 밥을 먹다가도 갈매기 구가 불쑥불쑥 튀어나올 지경이었지요.

"갈매기 구! 허허, 내가 또 이 소리를……."

심지어 뒷간에 앉아 일을 볼 때에도 무심코 이 소리가 튀어나오곤 했어요.

그러는 동안 석 달이 훌쩍 지나갔어요. 그러자 거짓말처럼 과거가 있다는 소문이 돌았어요. 선비는 즐거운 마음으로 한양으로 향했지요.

드디어 과거 날이 다가왔어요. 선비는 두근거리는 마음으로 '갈매기 구' 자를 외우며 자기 차례를 기다렸어요. 이윽고 그의 차례가 되었어요.

"저 장대 끝에 걸린 글자가 무엇인고?"

시험관이 장대 끝을 손가락으로 가리키며 물었어요.

높다란 장대 끝에는 손바닥만 한 작은 종이가 바람에 나부끼고 있었어요. 글자가 보일 리가 없었지요.

그런데 이게 웬일일까요? 선비는 막상 질문을 받고 보니 '구, 구, 구' 자만 입안에서 맴돌 뿐 아무것도 생각나지 않았어요.

시간이 한참이나 흘렀어요. 이 모습을 지켜보던 임금님은 조바심이 났지요. 선비가 쉽게 대답하리라 믿고 있었으니까요.

하는 수 없이 임금님은 신하에게 안에 들어가 병풍을 가져오라 일렀어요. 그 병풍에는 큰 갈매기가 여러 마리 그려져 있었거든요. 임금님은 막대기로 병풍을 '똑똑' 두드리며 말했어요.

"어서 무슨 글자인지 말해 보거라!"

임금님이 재촉하자 선비는 마음이 더욱 조급해졌어요.

"그게 구 자는 구 자인데 도대체……."

선비는 기억을 되살리려 애쓰다가 곁눈으로 흘끔 임금님의 얼굴을 보았어요. 그 순간 선비는 까무러칠 듯이 놀랐어요. 석 달 전 자기에게 과거 시험을 일러 주고, 그 내용까지 귀띔해 준 사람이 바로 상감마마가 아니겠어요? 선비는 그제야 이 과거 시험은 임금님이 자신을 위해 베푼 것이라는 사실을 깨달았어요.

임금님은 헛기침을 계속하며 더욱 크게 병풍을 두드렸어요.

마침 '똑똑, 똑똑' 하고 병풍을 두드리는 소리가 선비의 귀에 들렸어요. 그 순간 이런 말이 튀어나왔어요.
" '똑똑이 구' 자입니다!"
이 말이 떨어지기가 무섭게 시험관의 호령 소리가 뒤따랐어요.
"틀렸으니 썩 물러가거라!"
선비는 안타까운 얼굴로 시험장을 물러 나왔어요.

그때 임금님의 목소리가 들렸어요.

"잠깐만! 시험관은 들어라. 이 글자는 '갈매기 구' 자가 틀림없지만, 세간의 백성들은 '똑똑이 구' 자라고도 하느니라. 그러니 저 선비의 대답이 틀린 게 아니니라."

이리하여 선비는 임금님 덕분에 과거에 장원 급제하게 되었어요. 선비는 그 은혜를 잊지 않고 더욱 열심히 학문을 닦아, 나라와 백성들을 위해 훌륭한 일을 많이 했다고 해요.

백두 낭자·한라 도령이 만난 우리 역사 속 학자들

십만양병설을 주장한 이이

신사임당

율곡 이이(1536~1584)는 조선 중기의 학자이자 정치가예요. 오천 원 지폐 속의 근엄하고 단정한 모습으로 우리에게 잘 알려져 있지요. 이이는 현모양처로 유명한 신사임당의 아들이기도 해요. 신사임당이 태몽으로 바다에서 흑룡이 날아 들어오는 꿈을 꾼 뒤 이이를 낳았다고 해요.

강릉 오죽헌

이이는 외가인 강릉 오죽헌에서 태어나고 자랐어요.

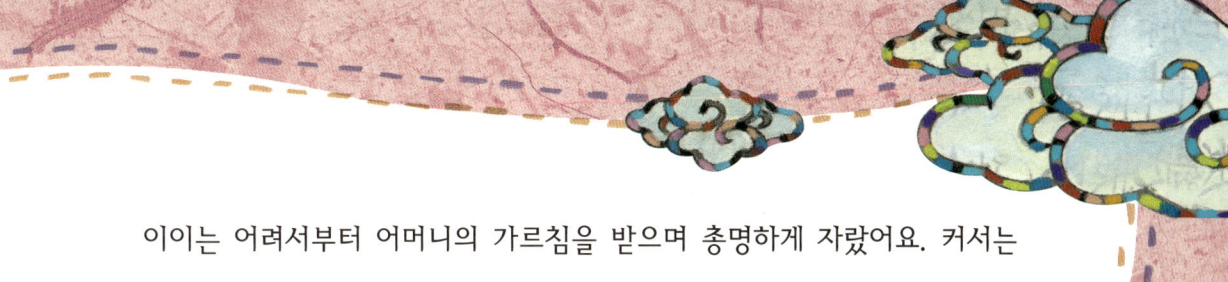

　이이는 어려서부터 어머니의 가르침을 받으며 총명하게 자랐어요. 커서는 아홉 번이나 과거에 장원 급제하여 주위 사람들을 놀라게 했지요. 처음 과거에 합격한 것도 겨우 13살 때였대요.

　평소 신사임당을 향한 효심이 지극했던 이이는 16세에 어머니를 여의자 삼년상을 치른 뒤 산에 들어가 자기 수련의 길을 걸었어요. 그러다가 23세에 도산서당에 찾아가 이황을 만나게 되었지요. 이황과 이이는 스승과 제자 사이이면서 서로 깊이 있게 학문을 논하는 사이가 되었어요. 이 둘은 우리나라 성리학의 쌍벽을 이루는 대학자로 존경받고 있어요.

　조정에 들어간 이이는 당시 동인과 서인으로 갈라져 싸우던 신하들을 화합시키고자 노력했어요. 나라를 더욱 튼튼하게 만들려면 모두가 먼저 한마음이 되어야 한다고 생각했거든요.

　이이는 임진왜란도 미리 내다보고 10만 명의 군사를 길러 내자는 뜻의 '십만양병설'을 주장했지요. 하지만 반대파에 부딪혀 그 뜻을 이루지 못했고, 결국 전쟁이 터진 뒤에 조선은 큰 피해를 당했답니다.

> 이이는 이황과 함께 우리나라 성리학의 양대 산맥이지요.

옛날 남산 기슭에는 가난한 선비들이 많이 살았어요. 삼 년째 과거 공부를 하는 김 선비도 그들 가운데 하나였지요.

김 선비에게는 아내가 크나큰 힘이었어요. 끼니를 걱정해야 하는 가난한 살림에도 얼굴 한번 찡그리지 않고, 바느질품을 팔아 남편의 공부를 뒷바라지하는 그런 아내였거든요.

비가 억수로 쏟아지는 어느 날이었어요. 그날도 김 선비는 방에서 글공부를 하느라 여념이 없었어요. 아내는 마루 끝에 앉아 근심에 잠겨 있었어요. 저녁거리가 떨어졌기 때문이지요.

'어떡한다? 지금쯤 배가 많이 고프실 텐데······.'

아내는 처마 밑으로 떨어지는 빗물만 무심히 바라보았어요. 빗물이 주룩주룩 떨어져 흙바닥이 움푹 패어 있었지요.

그때 이상한 소리가 들렸어요. 그것은 쇠가 무엇에 부딪혀 나는 소리 같았어요.

'어디서 나는 소리일까?'

아내는 귀를 기울이며 소리가 나는 쪽으로 발길을 옮겼어요. 그러다 뒤뜰 모퉁이로 돌아가는 처마 밑 마당에서 걸음을 멈추었어요. 빗물이 떨어져 땅이 패인 곳에 쇠붙이가 보였던 거예요.

'대체 뭘까? 큰 물건인 것 같은데…….'

아내가 호미로 땅을 파 보자 그곳에서는 뜻밖에도 커다란 가마솥 하나가 나왔어요. 아내는 호기심이 생겨 조심스럽게 뚜껑을 열었어요. 그런데 그 속에는 금덩이가 가득 들어 있지 뭐예요.

'아, 이건 하늘이 우리같이 가난하고 불쌍한 사람을 도우려고 보낸 건지도 몰라. 이 금덩이만 있으면 먹고 입는 것은 물론이고, 남편 공부도 마음껏 뒷바라지할 수 있어.'

아내는 금덩이를 만지작거리며 흐뭇한 기분에 젖어들었어요. 한동안 기쁨에 들떠 있던 아내는 잠시 깊은 생각에 잠겼지요.

'부자가 되면 몸은 편할지 몰라도……'

아내는 무언가를 결심한 듯 어금니를 악물었어요. 그리고 마침내 가마솥을 원래 있던 자리에 다시 묻고 말았어요. 그로부터 며칠 뒤 아내는 남편을 졸라 다른 곳으로 이사를 했지요.

그 뒤로도 아내는 혼자서 힘겹게 살림을 꾸려나갔어요. 삯바느질로 남편을 뒷바라지했지만, 가끔 바느질 일감이 없어 양식이 떨어질 때도 있었어요. 또 몸이 아파 일을 못할 때도 있었고, 열심히 공부하는 남편의 밥상이 너무 초라하여 마음이 아플 때도 많았어요. 그럴 때마다 아내는 파묻은 금덩이가 생각나 미칠 것만 같았어요. 하지만 죽을힘을 다해 참고 또 참았어요.

김 선비는 아내의 고생을 보다 못해 몇 번이나 공부를 그만두려고 했어요. 김 선비가 같이 돈벌이를 하면 생활이 더 나아질 수 있을 테니까요. 하지만 김 선비는 끝내 공부를 그만둘 수가 없었어요. 아내가 기를 쓰고 말렸기 때문이지요.

"전 지금까지 당신이 부지런히 공부하시는 모습을 보며 숱한 고생을 참아 왔어요. 그런데 이제 와서 공부를 그만두시겠다니요. 그것은 절대로 안 돼요!"

결국 김 선비는 아내의 뜻에 따라 글공부를 계속했어요. 그 대신

먹이나 종이 등 글공부에 필요한 물건들을 아껴 썼어요. 아내의 고생을 조금이나마 덜어주고 싶었으니까요.

반면 아내는 남편의 뒷바라지를 넉넉히 해 주지 못하는 것을 늘 안타까워했어요. 그래서 한 푼이라도 더 벌기 위해 온 동네 바느질 일감을 도맡아 했지요. 날마다 밤늦도록 삯바느질을 하고, 남편이 잠자리에 들고 나면 그제야 잠을 이루곤 했어요.

그러나 일이 많이 밀렸을 땐 달랐어요. 불을 끄고 잠을 자는 척하다가 남편이 잠들면 몰래 일어나 바느질을 계속했지요. 김 선비도 나중에는 이 사실을 알게 되었어요.

눈이 하얗게 내린 어느 겨울날이었어요. 그날 밤도 여느 때처럼 김 선비는 책을 읽고 아내는 옆에서 바느질을 하고 있었어요.

"아야!"

아내가 비명을 질렀어요. 잠시 졸다가 바늘에 손톱 밑을 찔렸던 거예요. 며칠 밤을 새우며 일한 탓에 너무 피곤했기 때문이지요.

"여보, 괜찮소? 어디 좀 봅시다."

김 선비는 깜짝 놀라 아내에게 다가갔어요. 손톱 밑에서는 새빨간 피가 흘러나왔어요. 김 선비는 얼른 깨끗한 헝겊을 가져와 상처를 처매 주었어요.

잠시 후 아내는 상처에도 아랑곳없이 다시 바느질감을 잡았어요. 그러자 김 선비가 말했어요.

"손에 상처도 났는데, 그만 주무시구려."

"아니에요, 이까짓 상처쯤은 괜찮아요. 더구나 당신도 아직 안 주무시는데……."

김 선비는 계속해서 아내에게 잠자리에 들기를 권했어요. 하지만 끝내 아내의 고집을 꺾을 수 없었지요.

"허허, 참 고집도……. 그럼 나도 잠자리에 들 테니 당신도 그만 눈을 붙이시구려."

두 사람이 잠자리에 든 뒤 시간이 한참 흘렀어요. 아내는 문득 잠에서 깨어났어요. 바늘에 찔린 손이 욱신거렸거든요. 그런데 옆에서 자고 있어야 할 남편이 보이지 않았어요.

아내는 남편을 찾으러 밖으로 나갔어요. 마당에는 새하얀 눈이 달빛을 받아 고요히 빛나고 있었지요.

이때 어디에선가 중얼중얼하는 사람 목소리가 들려 왔어요. 아내는 그 소리를 따라 뒤꼍으로 가 보았어요. 거기에는 웬 사내 하나가 눈에 반사된 달빛으로 책을 읽고 있었어요. 그 사내는 다름 아닌 아내의 남편이었지요.

"서방님, 여기서 뭐 하시는 거예요?"

남편은 쑥스러운 듯 뒷머리를 긁적이며 말했어요.

"책, 책을 좀 보고 있었소."

"아니, 책을 읽으려면 방에서 보실 일이지 왜 추운 데서 이러고 계세요?"

"불을 밝히면 당신이 잠을 깰 게 아니오? 더구나 초도 얼마 남지 않았는데, 아껴 써야 하지 않겠소?"

두 사람은 손을 덥석 잡고 눈물을 흘렸어요. 서로를 생각해 주는 마음에 감동받았기 때문이지요.

이들 부부는 이렇듯 서로를 위하며 모든 어려움을 이겨 나갔어요. 아내는 계속 삯바느질로 남편의 공부를 도왔고, 남편 또한 아내의 고생을 헛되지 않게 하려고 더욱 열심히 공부했어요.

마침내 김 선비는 부지런히 공부한 보람이 있어 과거에 장원 급제하고 높은 관직에도 올랐어요.

어느덧 세월은 흘렀어요. 두 사람은 지난날의 추억을 오순도순 얘기하느라 밤이 새는 줄도 몰랐어요. 그러다가 그 옛날 땅속에 묻어 버린 금덩이 얘기도 나왔어요. 아내의 이야기를 들은 남편은 고개를 갸우뚱하며 물었어요.

"허! 그렇게 어이없는 짓을 하다니……. 그 금덩이를 팔아 썼더라면 당신이 그 고생을 하지 않았을 것 아니오?"
그러자 아내는 고개를 저으며 말했어요.

"아니에요. 땀 흘려 얻은 재물이 아니면 반드시 재앙이 뒤따르지요. 그때 금덩이를 팔아 살림이 넉넉해졌다고 생각해 보세요. 그러면 당신은 굳이 공부에 힘을 쓰지 않았을 것이고, 오늘의 영광 또한 없었을 게 아녜요?"

김 선비는 아내의 슬기로운 생각과 현명한 판단에 절로 고개가 숙여졌어요. 그 뒤로 두 사람은 더욱 서로를 아끼고 사랑하며 오래오래 행복하게 살았다고 해요.

시대를 날카롭게 비판한 허균

　허균(1569~1618)은 조선 중기의 학자이자 이름 높은 시인이에요. 5세 때부터 글을 배우기 시작하여 9세 때에 이미 한문으로 시를 지을 줄 알았다고 해요. 특히 글재주가 유달리 뛰어나 붓만 들면 수천 마디의 말도 거침없이 써 내려갔다고 하지요.

　허균은 이름난 가문 출신에 머리도 영특했지만 쉬운 길을 걷지 않았어요. 성격이 자유분방했던 허균은 점잖은 시나 산문이 아닌 꾸며낸 이야기를 즐겨 짓곤 했어요. 또 유교가 지배적이던 시대였음에도 거리낌 없이 불교와 도교를 가까이했고, 서자들과도 친하게 지냈어요. 서자는 양반의 첩으로부터 태어난

허균 생가

강릉 초당마을에는 허균과 허난설헌이 태어난 집이 있어요.

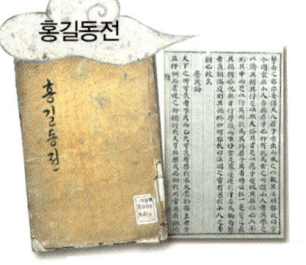
홍길동전

자식을 말해요. 서자로 태어난 사람들은 아무리 재주가 많고, 능력이 뛰어나도 인정받기가 어려웠지요.

당시 양반들이 보기에 이러한 허균의 행동들은 기이하고 파격적이었어요. 그 때문인지 허균은 관직에 오르기가 무섭게 쫓겨나기를 반복했지요.

허균은 소설 《홍길동전》을 지은 것으로도 유명해요. 《홍길동전》은 우리나라 최초의 한글 소설로 우리 문학사에서 매우 귀중한 작품이에요. 서자 출신인 홍길동이 의적이 되어 재주를 부리고 축지법과 둔갑술을 펼치는 등 환상적이면서 재밌게 쓰인 소설이지요. 하지만 당시 조선 사회의 불합리한 신분제도와 부패한 정치를 아주 날카롭게 비판하고 있는 작품이랍니다.

시대의 반항아로 들쑥날쑥한 삶을 살았던 허균은 끝내 역적의 누명을 쓰고 목숨을 잃고 말았어요. 하지만 그가 남긴 소설들은 오늘날까지 전해져 내려와 큰 사랑을 받고 있답니다.

허난설헌

허균의 누나 허난설헌도 시와 그림에 뛰어났어요.

밤마다 물 두 바가지를 마신 백정

옛날 어느 마을에 가난한 선비가 살고 있었어요. 선비는 책만 볼 줄 알았지 돈벌이에는 전혀 관심이 없었어요.

그러던 어느 날 선비는 이웃 마을에 사는 부유한 백정을 찾아갔어요. 양식이 떨어져 굶어 죽을 판이었거든요.

"여보게, 여기서 일을 도와줄 테니 양식 좀 얻을 수 없겠나?"

선비의 말에 백정은 펄쩍 뛰었어요.

"그게 무슨 말씀입니까? 선비님께서 천하디 천한 백정 노릇을 하시겠다니요?"

"내가 오죽하면 이러겠나? 쌀이 떨어져 가족이 굶어 죽게 됐으니……. 두말하지 말고 일 좀 할 수 있게 해 주게."

"정 그러시다면 제가 선비님 가족을 돌보아 드릴 테니 공부나 열심히 하십시오. 그 대신 높은 벼슬자리에 오르시더라도 저를 잊지는 마십시오."

이리하여 선비는 공부에 전념할 수 있었어요.

선비는 마침내 과거에 급제하여 백정이 사는 고을 사또가 되어 돌아왔어요. 백정은 그 소식을 듣고 자기 일처럼 기뻐했어요.

그런데 이상하게도 당연히 찾아올 줄 알았던 선비에게서 아무 소식이 없었어요. 백정은 기다리다 못해 선비를 찾아갔지요. 그런데 선비의 태도는 전혀 뜻밖이었어요.

"어느 놈이 자꾸만 와서 소란을 피운단 말이냐? 난 저놈을 알지 못하니 매우 쳐서 내쫓아라!"

그러고는 두 번 다시 백정을 쳐다보지도 않았어요. 백정은 너무나 어이가 없었지만 실컷 매만 맞고 쫓겨날 수밖에 없었어요.

백정이 눈물을 삼키며 터덜터덜 집으로 돌아오는데 이게 웬일일까요? 집은 불에 타 없어지고 가족들조차 온데간데없었어요. 이웃 사람들의 말을 들으니 고을 사또가 가족들을 내쫓은 뒤 불을 질렀다는 거예요.

'이놈, 두고 보자. 이 원수를 꼭 갚고야 말리라!'

백정은 너무나 분하고 원통하여 이를 갈았어요. 그 길로 백정은 금강산의 이름난 도사를 찾아 길을 떠났어요. 원수를 갚기 위해 무술을 배우려는 것이었지요.

몇 날 며칠을 쉬지 않고 부지런히 걸어 금강산에 도착한 백정은

말로만 듣던 금강산의 아름다움에 넋을 잃었어요. 그래서 이곳저곳 경치를 둘러보며 산길을 천천히 걷고 있었지요.

"이놈아, 빨리 오지 않고 뭘 꾸물대고 있는 거냐?"

느닷없는 호통 소리에 백정은 정신이 번쩍 들었어요. 눈앞에는 백발의 노인이 지팡이를 짚고 서 있었어요.

"오래전부터 널 기다리고 있었느니라. 자, 나를 따라오너라."

노인은 백정의 말은 들어 보지도 않은 채 앞장서 걷기 시작했어요. 백정은 자기도 모르는 이상한 힘에 이끌려 노인을 따라갔어요. 노인은 자기가 찾던 바로 그 도사였지요. 그날부터 백정은 그 도사를 스승으로 모시게 되었어요.

그런데 스승은 무술을 가르쳐 줄 생각은 하지 않았어요. 매일 나무만 해 오라고 시켰지요. 백정은 아침이면 산에 가서 나무를 하고, 저녁이면 도끼로 장작을 팼어요. 그러면서 '때가 되면 스승님이 무술을 가르쳐 주시겠지.' 하는 마음으로 기다렸어요.

하지만 일 년이 가고 이 년이 가도 그 생활은 계속됐어요. 백정은 은근히 화가 나기 시작했지요.

"스승님, 저는 무술을 배우러 왔는데, 어찌하여 지금까지 칼자루조차 쥐여 주시지 않는 것입니까?"

"음, 네놈이 날마다 나무만 하니까 따분한 모양이구나. 그럼 오늘 밤부터는 글공부도 하자꾸나."

스승은 구름을 타고 날아가더니 어디서 책을 몇 권 구해 왔어요. 이리하여 백정은 일이 하나 더 늘었지요. 낮에는 나무를 하고, 밤에는 글을 읽어야 했거든요.

밤늦게 백정이 책을 읽는 동안 스승은 언제나 잠을 잤어요. 드르렁드르렁 코까지 골면서 말이에요. 하지만 백정이 졸기라도 하면 귀신같이 알고 지팡이로 어깨를 '딱!' 내려치곤 했어요.

그뿐만이 아니었어요. 가끔 백정이 그날 읽을 책을 다 못 읽고 자려고 하면 자기 전에 물을 두 바가지씩 억지로 먹였어요. 그런 날은 다른 날보다 새벽에 더 일찍 잠을 깼어요. 물을 많이 마신 까닭에 오줌이 마려웠기 때문이지요.

백정이 살며시 일어나 오줌을 누고 다시 누우려고 하면 스승이 고함을 쳤어요.

"이놈아, 어딜 눕는 거냐? 일찍 일어났으면 어제 못 읽은 책을 마저 읽어야지."

이렇듯 스승은 지독하게 공부를 시켰어요. 그래서 백정은 잠시라도 글공부를 게을리할 수가 없었지요.

어느덧 십 년의 세월이 흘렀어요. 백정은 그동안 글공부와 도끼질하는 실력이 무척 늘었어요. 이제는 눈 감고 도끼를 휘둘러도 나무가 쫙 나갈 정도였지요.

"스승님, 제가 금강산에 온 것은 무술을 익혀 원수를 갚기 위해서입니다. 이제 무술을 가르쳐 주십시오."

"음, 좋다. 그렇다면 오늘부터 무술을 가르쳐 주겠다."

그날부터 백정은 검술을 익히기 시작했어요. 백정은 아무리 어려운 검술 동작도 금방 몸에 익혔어요. 칼을 쓰는 법이 도끼질할 때의 몸놀림과 비슷했기 때문이지요.

백정은 한 달도 채 되지 않아 적어도 십 년은 배워야 할 검술을 모두 익혀 버렸어요. 그제야 백정은 스승이 지금까지 장작 패는

일만 시킨 뜻을 깨달았어요.

"이제 더는 너에게 가르칠 것이 없다. 자, 이 칼을 받아라. 마지막으로 네 실력을 한번 보고 싶구나."

백정은 칼을 받자마자 번개같이 두 번 휘둘렀어요. 정말 눈 깜짝할 사이였어요. 그러자 칼날 위에 파리 한 마리가 죽어서 떨어졌어요. 스승은 매우 실망한 듯 말했어요.

"쯧쯧쯧. 두 번씩이나 칼을 휘둘러 겨우 파리 한 마리를 잡았단 말이냐?"

그때 백정이 빙긋이 웃으며 입으로 파리를 불었어요. 그러자 파리는 네 조각이 나서 흩어져 버렸어요. 그제야 스승은 백정의 실력을 인정하고 산을 내려보냈어요.

한편 그 무렵 선비는 벼슬이 올라 정승이 되어 있었어요. 백정은 밤이 깊어지기를 기다렸다가 정승의 집으로 숨어들었어요. 정승은 불을 켜 놓고 책을 읽고 있었지요.

백정은 서서히 칼을 뽑아들었어요. 그런 다음 숨을 한 번 깊이 들이쉬고 방 안으로 뛰어들었어요.

그런데 이상한 일이 벌어졌어요. 놀라서 뒤로 자빠질 줄로만 알았던 정승이 뜻밖에도 반가운 얼굴로 자신을 맞아 주는 것이었어요. 그리곤 하인을 불러 주안상을 차리라고 일렀어요.

잠시 후 사람들의 발소리가 나더니 십 년 전 죽은 줄로만 알았던

백정의 아내와 자식들이 우르르 몰려왔어요.

"아버지, 그동안 정승님께서 저희를 돌봐 주셨어요."

백정은 어찌 된 까닭인지를 몰라 잠시 당황했어요. 그러자 정승이 미소를 지으며 말했어요.

"여보게, 자네는 그동안 나를 무척 원망했겠지? 하지만 그 옛날 내가 자네를 반갑게 맞아 주었다면 자네는 평생 백정으로 살았을 걸세. 그래서 일부러 자네를 푸대접한 것이네. 그동안 좋은 스승을 만나 글공부와 함께 뛰어난 무술도 익혔으니, 앞으로는 훈련대장이 되어 나라를 위해 일해 주게."

백정은 정승의 깊은 뜻을 알고 눈물을 흘렸어요. 그 뒤 백정은 훌륭한 장군이 되었어요. 그리고 정승과 의형제를 맺고 사이좋게 오래오래 살았답니다.

북학파의 선두 주자 박지원

　연암 박지원(1737~1805)은 조선 후기의 실학자예요. 남들보다 늦은 나이인 16세가 되어서야 글공부를 시작했지만, 글재주가 워낙 뛰어나서 금세 남들보다 높은 경지에 이르렀지요.

　박지원은 양반이었지만 생활이 넉넉하지 못했어요. 그래서 아예 과거 시험을 포기하고 가족들과 함께 연암골에 들어가 유유자적한 선비의 삶을 즐기며 살았지요. '연암'이라는 호도 연암골에서 따온 거예요.

　이런 삶 속에서 《양반전》과 같은 작품이 태어났어요. 《양반전》은 박지원이 쓴 한문 소설로, 체면과 형식만 따지는 당시의 양반 사회와 몰락한 양반의 무능력함을 꼬집은 작품이에요.

박지원

박지원은 청나라의 뛰어난 문물을 배워야 한다고 주장했어요.

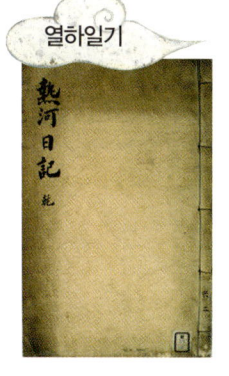
열하일기

1780년 나라에서는 청나라 황제의 생일을 축하하기 위해 사신단을 보냈는데, 이때 박지원도 그들을 따라 직접 청나라를 다녀왔어요. 박지원은 한양에서 출발해 압록강을 지나 의주, 산해관, 연경 등을 거쳐 목적지인 피서산장에 도착했어요. 장장 4개월간의 긴 여행이었지요.

박지원은 청나라의 발전된 문화에 감탄하여 《열하일기》를 썼어요. 이 책은 기행문의 형식을 하고 있는데, 청나라의 기술과 생활 모습 등을 소개하며 조선의 개혁을 주장하는 책이었지요.

박지원은 유득공, 박제가, 홍대용 등과 함께 '북학파'를 이루고, 당시 조선의 현실을 비판했어요. 북학파는 청나라의 뛰어난 학술과 문물을 받아들이고자 앞장섰던 실학자들을 말해요. 연암 박지원은 이러한 실학사상에서 단연 선두 주자였답니다.

피서산장은 청나라 황제의 여름 별장으로, 중국 청더에 있어요.

천둥도 이겨낸 꼬마 철학자 서경덕

아지랑이가 피어오르는 어느 봄날이었어요. 한 소년이 밭둑에 앉아 무엇인가를 뚫어지게 쳐다보고 있었지요. 옆에 바구니가 놓여 있는 것으로 보아 나물을 캐러 나온 것이 분명했어요.

얼마나 시간이 흘렀을까요? 어느덧 저녁 어스름이 깔리기 시작했어요. 한동안 폴짝폴짝 뛰어놀던 어린 종달새도 어디론가 사라져 버렸어요. 그제야 소년은 빈 바구니를 들고 일어섰어요.

소년이 집으로 돌아오자 어머니가 조용히 물었어요.

"매일 늦게 돌아오면서 나물은 한 줌도 뜯어 오지 않으니······. 너는 그동안 무얼 하다 오는 것이냐?"

"들판에 나가 보니 어린 종달새가 있었습니다. 그 새가 그저께는 땅에서 한 치쯤 날아오르더니 어제는 두 치, 오늘은 세 치쯤 날아올랐습니다. 그 이치를 생각하느라 그만······."

보통 아이들에게는 대수롭지 않은 일이었겠지만, 소년의 눈에는 그것이 신비롭게 비쳤던 것이지요. 어머니는 아들이 앞으로 큰 인물이 될 거라고 생각하며 머리를 쓰다듬어 주었어요.

이 소년이 바로 조선 시대 유학의 큰 봉우리인 화담 서경덕이에요. 서경덕은 평생 초야에 묻혀 학문을 닦은 대학자이지요.

서경덕은 어려서부터 매우 가난하게 살았어요. 서당에 나가 글공부를 할 형편도 못 되었지요. 하지만 틈틈이 들일을 거들면서도 혼자서 글을 깨칠 만큼 총명했어요.

특히 사물에 대한 탐구 정신은 남다른 데가 있었어요. 아무리 사소한 것이라도 결코 그냥 넘겨 버리는 법이 없었지요. 어린 종달새가 나는 모습을 보며 하루 종일 생각에 잠겼던 것처럼 말이에요. 그리고 한번 생각에 빠지면 반드시 그 이치를 깨달은 뒤에야 그만두었어요.

한번은 이런 일이 있었어요. 어느 날 서경덕은 마당 한편에 앉아 새끼를 꼬고 있었어요. 양지바른 곳이라 햇볕이 잘 들었지요. 그 때 갑자기 주위가 어두워지더니, 곧 빗줄기가 한바탕 쏟아질 것 같았어요.

서경덕은 문득 하늘을 올려다보았어요. 서쪽 하늘에 구름이 뭉게뭉게 피어나고 있었어요. 구름은 서로 흩어졌다 모였다 하면서 이상한 모양을 만들어 냈지요.

서경덕은 그 모습을 자세히 살펴보다 벌떡 일어났어요. 꼬다가 만 새끼를 그냥 팽개친 채 말이에요. 그러고는 무슨 생각을 했는지 뒤꼍에 있는 방으로 성큼성큼 걸어 들어갔어요.

잠시 후 빗줄기가 퍼붓기 시작했어요.

"우르르 꽝!"

땅을 두 동강 낼 것처럼 천둥 번개가 내려쳤어요. 금방이라도 세상을 쓸어버릴 것 같은 무서운 빗줄기였어요.

그날 저녁때가 되어 어머니가 밭에서 일하고 돌아왔어요. 낮에 갑자기 내린 비 때문에 빨래는 축축이 젖어 있었지요.

"얘가 어딜 간 거야? 빨래나 좀 걷어 놓지 않고……."

어머니는 저녁을 지어 놓고 아들을 찾았어요. 하지만 어디 갔는지 통 보이질 않았어요.

"얘야, 어디 있니? 저녁 먹어야지."

온 동네를 돌며 이웃들에게 물었지만 아무도 아는 사람이 없었어요. 그때부터 어머니는 은근히 걱정되기 시작했어요.

집으로 돌아온 어머니는 혹시나 하는 마음으로 뒤꼍으로 가 보았어요. 그런데 오랫동안 쓰지 않던 골방 앞에 신발이 놓여 있지 뭐예요? 그것은 아들의 신발이 틀림없었어요.

어머니는 아들을 찾아 반가운 마음이 앞섰지만, 한편으로 호기심도 생겼어요.

'얘가 도대체 뭘 하느라 그렇게 찾는 소리도 못 들었을까?'

어머니는 살며시 문틈으로 방 안을 엿보았어요. 방 한쪽 벽에는 '하늘 천(天)' 자가 크게 쓰여 있고, 그 앞에서 서경덕은 골똘히 생각에 잠겨 있었어요.

어머니는 문을 열고 들어가 아들과 마주 앉았어요. 아들과 몇 마디 얘기를 주고받던 어머니는 놀라지 않을 수 없었어요. 아들은 낮에 비가 온 사실을 까맣게 모르고 있었거든요.

"무슨 생각을 하느라 천둥 벼락이 쳐도 몰랐단 말이냐?"

"구름이 서로 엉키는 모양이 너무도 신비로워 하늘의 이치에 대하여 생각하고 있었습니다."

이렇듯 서경덕은 어려서부터 생각이 깊었어요. 땅에 대해 알고 싶으면 땅 지(地) 자를 벽에 붙여 놓고 계속 궁리했다고 해요.

열네 살이 되던 해였어요. 서당 훈장님이 서경덕의 총명함을 눈여겨보고 그를 가르치기 시작했어요.

그러던 어느 날 서경덕은 중국의 고전인 《상서》라는 책을 배우고 있었어요. 그런데 훈장님이 책의 한 부분을 그냥 뛰어넘는 것이었어요. 서경덕은 그것을 이상히 여기고 물었어요.

"훈장님, 이 대목은 왜 가르쳐 주시지 않습니까?"

훈장님은 매우 난처한 표정으로 말했어요.

"이 대목은 나도 배우지 못했을뿐더러, 내용이 너무 어려워 아는 사람이 거의 없느니라."

하지만 서경덕은 그냥 넘길 수가 없었어요. 집으로 돌아오자마자 그 대목을 되풀이해서 읽었어요. 밤낮으로 읽고 생각하고, 또 읽고 생각하기를 거듭했어요. 그러기를 보름 동안이나 계속했지요. 그 결과 마침내 그 의미를 깨닫게 되었어요.

그 내용은 시간과 날짜를 계산하는 방법이었어요. 천문학이나 수학을 배운 적이 없는 어린 소년이 혼자 힘으로 그것을 이해했다는 것은 예삿일이 아니었어요. 타고난 천재성과 줄기찬 노력이 없었으면 불가능한 일이었지요.

서경덕은 언제나 서재에 묻혀서 책 읽기를 좋아했어요. 한번은 《대학》이라는 책을 읽고 그 뜻을 깨치고는 기쁨을 이기지 못해 눈물을 철철 흘렸다고 해요.

그뿐만 아니라 학문에 열중할 때는 밥을 먹어도 맛을 몰랐으며, 며칠씩 잠을 자지 않는 것도 보통이었어요. 어쩌다 눈을 조금 붙이면 꿈속에서 풀지 못한 이치를 알아내기도 했어요.

그러던 어느날 서경덕은 서재에서 조용히 책을 보며 깊은 생각에 잠겨 있었어요.

'이게 도대체 무슨 뜻일까?'

서경덕은 책을 읽고 또 읽었지만 무슨 뜻인지 도무지 알 수가 없었어요. 그만큼 어려웠던 거지요. 이때 문득 뒤가 마려웠어요.

그는 뒷간에 앉아서도 여전히 그 생각을 계속했어요. 그러다 퍼뜩 머릿속에 스치는 것이 있었어요.

'맞다, 바로 그 뜻이야!'

서경덕은 손뼉을 치며 밖으로 뛰어나왔어요. 이때 마침 대문을 들어서던 친구가 이 모습을

보았어요. 친구는 놀라 눈을 동그랗게 뜨며 소리쳤어요.

"여보게, 지금 자네 그 꼴이 뭔가?"

서경덕은 제정신을 차리고 자기의 차림새를 살폈어요. 그 순간 얼굴이 화끈 달아올랐지요. 자신이 바지도 올리지 않은 채 뒷간에서 바로 뛰쳐나온 사실을 그제야 깨달았거든요.

밥 먹고 잠자는 것도 잊은 채 글 읽기에 열중하는 버릇은 바깥에 나와서도 마찬가지였어요. 길을 걸을 때도 생각에 골몰한 나머지

길을 잘못 가기 일쑤였지요.

　한번은 잔칫집에 초대를 받았어요. 서경덕은 옷을 차려입고 그 집을 향해 길을 걸었어요. 그런데 무슨 생각에 깊이 빠져 자기가 엉뚱한 길로 접어든 것도 몰랐어요. 마침내 다른 마을에 이르러서야 그 사실을 알아차렸지요. 서경덕은 부랴부랴 오던 길을 돌아가 겨우 잔칫집에 도착했지만, 잔치가 다 끝나 갈 무렵이라 음식 대접도 제대로 받지 못했다고 해요.

　서경덕은 이렇듯 생각에 골몰하다 보니 몸이 쇠약해질 수밖에 없었어요. 한때는 문지방도 스스로 넘지 못할 정도로 병이 깊어져서 글공부를 그만두기로 마음먹은 적도 있었대요. 하지만 서경덕이 학문을 사랑하고 생각이 깊은 것은 워낙 타고난 천성이라 어쩔 수 없었다는군요.

여보게, 지금 그 꼴이 뭔가?

백두 낭자·한라 도령이 만난 우리 역사 속 학자들

부국강병을 꿈꾼 개혁가 정약용

다산 정약용(1762~1836)은 조선 후기의 학자예요. 어릴 적부터 비범했던 정약용은 4세에 《천자문》을 모두 외웠고, 10세에는 자작시를 모아 《삼미집》이라는 시집을 낼 만큼 글재주가 뛰어났다고 해요.

22세에 과거 시험에 합격한 뒤 성균관에서 공부하며 지내던 정약용은 벼슬살이를 하기도 전에 정조의 총애를 받았어요. 성균관은 조선 시대 최고의 교육 기관으로, 정약용의 뛰어난 학문과 재주는 어딜 가나 인정받았지요.

과학 기술에도 눈이 밝았던 정약용은 한강을 쉽고 빠르게 건너도록 배다리를 놓았고, 수원성을 쌓을 때는 거중기를 만들기도 했어요. 거중기는 무거운 돌을 쉽게 들어 올릴 수 있게 하는 기계로, 도르래의 원리를 이용한 것이었지요.

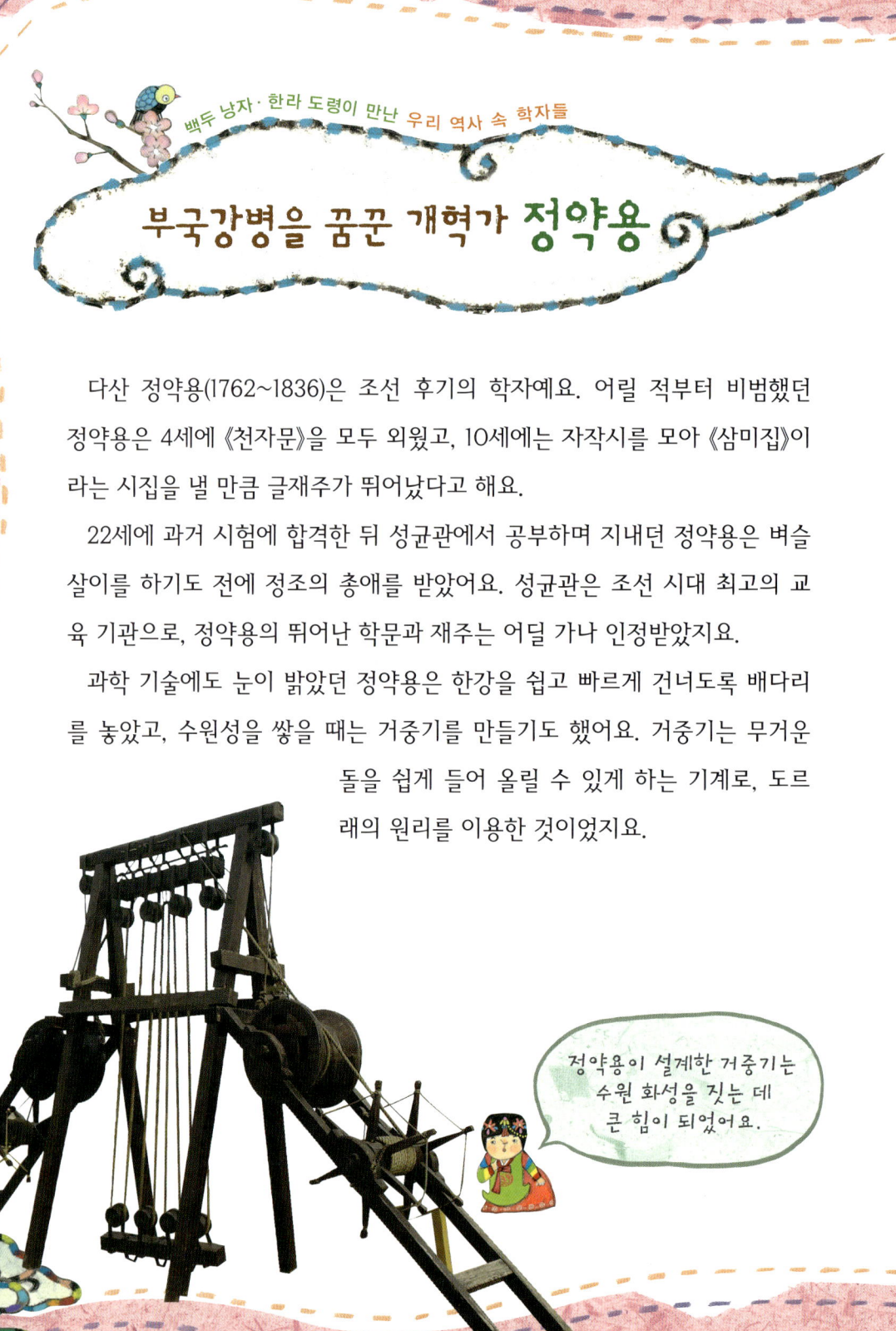

정약용이 설계한 거중기는 수원 화성을 짓는 데 큰 힘이 되었어요.

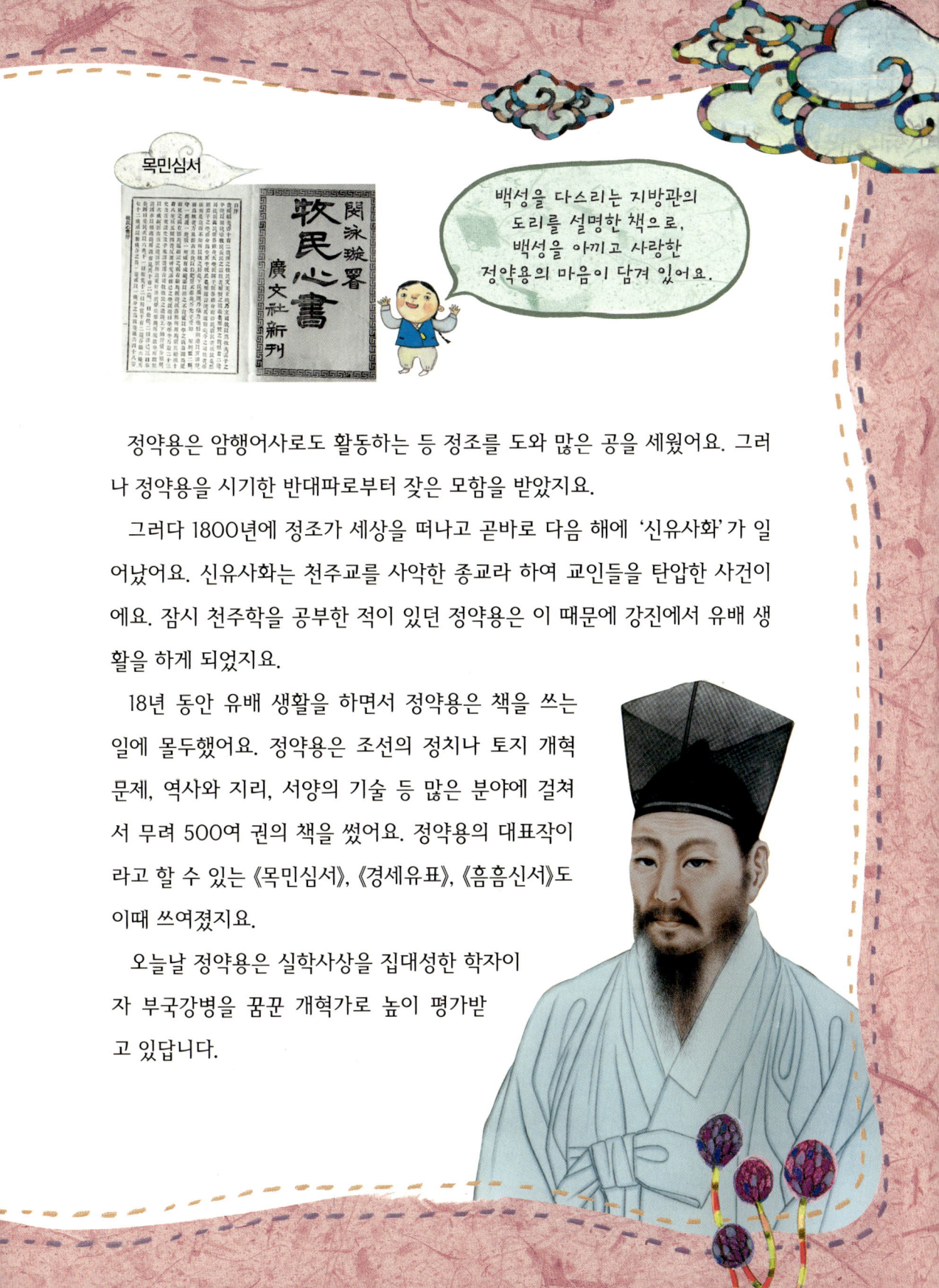

목민심서

백성을 다스리는 지방관의 도리를 설명한 책으로, 백성을 아끼고 사랑한 정약용의 마음이 담겨 있어요.

　정약용은 암행어사로도 활동하는 등 정조를 도와 많은 공을 세웠어요. 그러나 정약용을 시기한 반대파로부터 잦은 모함을 받았지요.

　그러다 1800년에 정조가 세상을 떠나고 곧바로 다음 해에 '신유사화'가 일어났어요. 신유사화는 천주교를 사악한 종교라 하여 교인들을 탄압한 사건이에요. 잠시 천주학을 공부한 적이 있던 정약용은 이 때문에 강진에서 유배 생활을 하게 되었지요.

　18년 동안 유배 생활을 하면서 정약용은 책을 쓰는 일에 몰두했어요. 정약용은 조선의 정치나 토지 개혁 문제, 역사와 지리, 서양의 기술 등 많은 분야에 걸쳐서 무려 500여 권의 책을 썼어요. 정약용의 대표작이라고 할 수 있는 《목민심서》, 《경세유표》, 《흠흠신서》도 이때 쓰여졌지요.

　오늘날 정약용은 실학사상을 집대성한 학자이자 부국강병을 꿈꾼 개혁가로 높이 평가받고 있답니다.

교과가 튼튼해지는
우리 것 우리 얘기

어려움을 이겨내고 열심히 공부해 뜻을 이룬 선조들의 공부 이야기, 모두 잘 읽어 보셨나요?

옛날 어린이들은 서당에 다니며 글을 배우고 예의범절을 익혔어요. 서당은 오늘날의 학교와는 모습이 달랐지만, 지금처럼 선생님도 있고 반장도 있고, 또 교과서도 있었지요. 물론 숙제나 시험, 그리고 재미난 놀이도 있었고요.

그럼 그 옛날 서당은 어떤 모습이었을지 함께 찾아가 볼까요?

서당에서의 나날

서당은 조선 시대에 널리 세워진 초등 교육 기관이에요. 주로 어린아이들이 처음 배움의 길을 걷고자 서당에 들어갔지요. 서당은 나라의 허락 없이도 누구나 세울 수 있었답니다.

서당의 선생님, 훈장님

요즘엔 선생님이 되려면 어려운 시험을 거쳐야 하지만, 옛날에는 훈장님이 되기 위한 특별한 시험이 없었어요. 스스로 뜻이 있어 서당을 세운 훈장님도 있었고, 학식이 높다는 소문을 듣고 마을 사람들이 멀리서부터 모셔온 훈장님도 있었답니다.

 정약용의 형 정약전이 흑산도로 유배를 가서 세운 흑산도 사촌서당이에요.

 훈장님은 수업료로 '학세'를 받아 생활했어요. 학세로는 보통 곡식을 받았는데, 때로는 빨래나 식사준비같이 집안일을 돕는 것으로 대신하기도 했어요.

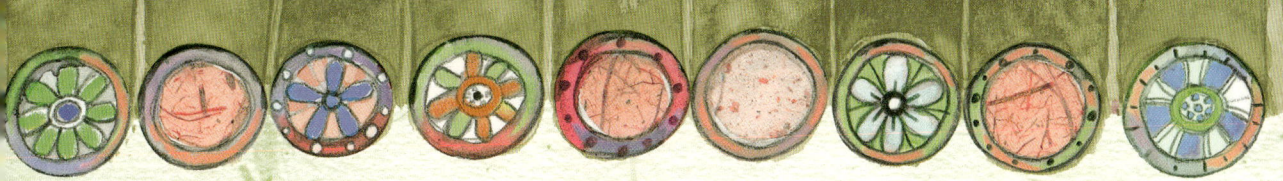

서당의 학생, 학동

학동의 나이는 약 7세에서 16세까지 다양했어요. 학동의 수는 서당마다 달랐는데 고작 3명뿐인 조그만 서당도 있고, 수십 명의 학동이 줄지어 앉아 있는 큰 서당도 있었지요. 서당에는 양반뿐 아니라 평민과 노비의 자녀도 학동이 될 수 있었답니다.

댕기 머리를 한 어린 학동도 있고, 상투를 튼 나이 든 학동도 있었어요.

 학동 수가 많은 서당에서는 훈장님이 어느 정도 나이가 있고 총명한 학동을 뽑아 '접장'을 시켰어요. 접장은 오늘날의 반장이나 학생회장의 역할을 했지요.

학동들의 학용품, 문방사우

종이, 붓, 벼루, 먹은 학문을 하는 선비가 친구처럼 가까이 두는 네 가지 물건이에요. 이를 '문방사우'라고 하지요. 그 밖에도 종이가 움직이지 않게 누르는 연진, 먹을 갈 때 쓰는 물을 담아 두는 연적, 오늘날의 책상에 해당하는 서안, 벼루나 먹을 넣어 두는 상자인 연상 등이 있었어요.

가난한 학동들에게는 붓 한 필도 매우 귀했어요.

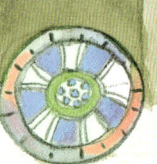

서당의 교과서, 천자문

서당에서는 각자의 능력과 수준에 따라 공부했어요. 그래서 학동마다 진도가 다르고 공부하는 책도 달랐지요.

서당에 들어가면 맨 처음 《천자문》을 통해 기본적인 한자를 익혔어요. 그다음에는 《동몽선습》이나 《격몽요결》, 《명심보감》과 같은 책으로 기본적인 예의범절과 역사를 공부했지요. 그러고나면 《통감》, 《소학》, 《십팔사략》, 《사서》, 《오경》 등 점점 어려운 수준의 책을 공부하며 공자와 맹자의 사상을 배웠답니다.

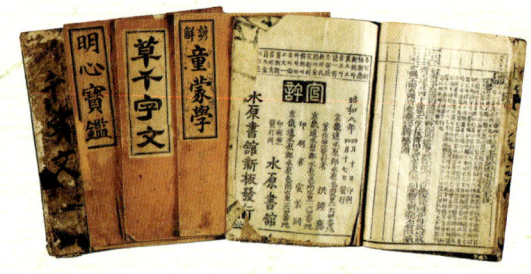

서당의 여러 가지 교과서

'죽책'은 대나무를 얇게 쪼개 앞뒷면에 《사서》나 《오경》을 빽빽하게 적어둔 것인데, 주로 과거 시험 대비용으로 쓰였어요.

서당의 가장 전통적인 공부법은 책을 소리 내어 읽고 외우는 '강'이에요. 책을 읽은 뒤에는 훈장님과 학동들이 질문을 주고받는데, 그러는 동안 학동들은 문장의 뜻을 스스로 깨우쳤지요. 강 외에도 글을 짓는 '제술', 붓글씨를 쓰는 '습자' 등의 공부법이 있었어요.

책을 읽은 횟수를 표시하는 '서산'

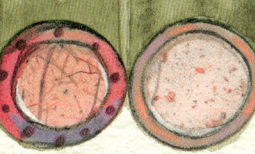

서당의 잔치, 책씻이

서당에서는 학동이 책을 한 권씩 끝낼 때마다 축하의 의미로 책씻이를 했어요. 책을 끝낸 학동이 송편, 국수, 경단 등의 음식을 가져와 함께 공부한 친구들과 훈장님에게 대접하는 거지요. 책씻이는 함께 음식을 나눠먹으며 앞으로 더욱 열심히 공부할 것을 다짐하는 서당의 즐거운 잔치였답니다.

서당의 놀이, 승경도놀이

승경도놀이는 오늘날의 주사위 놀이나 윷놀이와 비슷해요. 놀이판에는 문과와 무과로 나누어 길을 만들고, 벼슬 이름을 차례대로 적어요. 맨 마지막에 가장 높은 벼슬을 적는데, 문과는 '영의정'이, 무과는 '도원사'가 가장 높은 벼슬이었어요. 놀이판이 완성되면 오각으로 깎은 주사위나 윷을 던져 나오는 수대로 말을 옮기며 놀았어요.

 승경도놀이를 통해 벼슬의 높고 낮음을 익힐 수 있었어요.

 단오나 추석 같은 명절이 되면 이웃마을 서당 학동들과 '가마싸움'을 즐기기도 했답니다.

〈오십 빛깔 우리 것 우리 얘기〉 시리즈
권별 교과 연계표

- 신 나는 열두 달 명절 이야기   사 3-2   사 5-1   사 5-2   슬 1-2
- 관혼상제 재미있는 옛날 풍습   국 1-2   국 4-1   사 3-2   사 5-2
- 조상들은 어떤 도구를 썼을까   국 2-2   사 3-1   사 5-1   사 5-2
- 옛날엔 이런 직업이 있었대요   국 5-1   국 6-2   사 3-1   사 4-2
- 꼭 가 보고 싶은 역사 유적지   국 4-1   국 4-2   사 6-1   사 6-2
- 신토불이 우리 음식   국 3-1   사 3-1   사 5-1   사 6-2
- 어깨동무 즐거운 우리 놀이   국 4-1   사 5-2   체 4   즐 2-2
- 나라를 다스린 법 백성을 위한 제도   사 3-2   사 4-1   사 6-1   사 6-2
- 하늘을 감동시킨 효자 이야기   도 3-1   도 5   바 1-1   바 2-2
- 오천 년 지혜 담긴 건물 이야기   국 4-1   국 4-2   사 5-1   사 5-2
- 세계가 놀란 발명 이야기   국 3-1   국 5-2   사 3-1   사 5-2
- 빛나는 보물 우리 사찰   국 4-1   사 6-2   바 2-2
- 나라의 자랑 국보 이야기   국 5-2   사 6-1   사 6-2   바 2-2
- 나라를 지킨 호랑이 장군들   국 4-2   국 6-1   사 6-1   바 2-2
- 오천 년 우리 도읍지   국 4-1   사 5-2   사 6-1
- 하늘이 내린 시조 임금님들   국 6-2   사 5-2   사 6-1   바 2-2
- 옛날 관청과 공공시설   사 3-1   사 3-2   사 6-1   사 6-2
- 옛사람들의 우정 이야기   국 4-1   국 6-2   도 3-1   바 1-1
- 얼쑤 흥겨운 가락 신 나는 춤   국 6-1   국 6-2   사 3-1   음 3
- 아름다운 독도와 우리 섬   국 2-1   국 4-1   국 5-2   사 4-1
- 오천 년 우리 강 이야기   사 3-2   사 5-1

- 생명의 보물 창고 우리 생태지　국 2-1　국 4-2　사 6-1　과 5-2
- 우리가 지켜야 할 천연기념물　국 2-1　과 3-2　과 4-1　과 5-2
- 놀라운 발견 생활의 지혜　국 2-1　국 2-2　사 3-1　사 5-1
- 옛사람들의 교통과 통신　사 3-2　사 4-1　사 5-2
- 민족의 영웅 독립운동가　국 6-2　사 6-1　바 2-2
- 교과서 속 우리 고전　국 3-1　국 4-2　국 5-1　국 6-2
- 우리 국토 수놓은 식물 이야기　국 1-1　국 5-1　과 4-2　바 1-2
- 우리 조상들의 신앙생활　국 5-2　사 3-2　사 5-2　사 6-1
- 안녕 꾸러기 친구 도깨비야　국 2-2　국 3-1　국 4-1　사 3-2
- 빛나는 솜씨 뛰어난 재주꾼들　국 4-2　사 6-1　음 4　미 3,4
- 아름다운 궁궐 이야기　국 4-1　사 6-1　미 5　바 2-2
- 전설 따라 팔도 명산　국 2-1　국 2-2　사 5-1　음 6
- 방방곡곡 우리 특산물　사 3-1　사 4-1　사 5-2
- 수수께끼를 간직한 자연과 문화　국 4-1　사 5-2　바 2-2
- 알쏭달쏭 열두 띠 이야기　국 3-1　사 3-2　사 5-2　사 6-1
- 천하제일 자린고비 이야기　국 6-2　사 4-2　도 5　실 5
- 본받아야 할 우리 예절　국 3-2　도 4-1　도 5　바 2-1
- 이야기가 술술 우리 신화　국 1-2　국 6-2　사 3-2　사 5-2
- 머리에 쏙쏙 선조들의 공부법　국 3-1　국 4-1　국 4-2　도 4-1
- 역사를 빛낸 여자의 힘　사 6-1　바 2-2
- 신명 나는 우리 축제　사 3-1　사 3-2　사 4-1　사 5-1
- 우리가 알아야 할 북한 문화재　국 4-1　사 5-1　바 2-2
- 조상들의 지혜 전통 의학　국 5-1　국 6-2
- 멋스러운 옛시조 흥겨운 우리 노래　국 3-1　국 4-1　국 5-1　국 6-1
- 큰 부자들의 경제 이야기　사 3-2　사 4-2　사 5-2　슬 2-2
- 정다운 우리나라 동물 이야기　국 2-1　국 2-2　국 6-1　과 3-2
- 멋스러운 우리 옛 그림　국 4-2　사 6-1　미 3,4　미 5
- 봄 여름 가을 겨울 24절기　사 5-1　사 6-1　과 6-2　슬 6-2
- 나누는 즐거움 우리 공동체　도 4-1　바 2-2

오십 빛깔 우리 것 우리 얘기 40
머리에 쏙쏙 선조들의 공부법

초판 1쇄 인쇄 | 2011년 11월 8일
초판 3쇄 발행 | 2023년 9월 10일

글쓴이 | 우리누리
그린이 | 이상미

발행인 | 박장희
부문대표 | 정철근
제작총괄 | 이정아
편집장 | 조한별

디자인 | 레드스튜디오

발행처 | 중앙일보에스(주)
주소 | (03909) 서울시 마포구 상암산로 48-6
등록 | 2008년 1월 25일 제2014-000178호
문의 | jbooks@joongang.co.kr
홈페이지 | jbooks.joins.com
네이버 포스트 | post.naver.com/joongangbooks
인스타그램 | @j__books

ⓒ 우리누리, 2011

ISBN 978-89-278-0116-0 14800
     978-89-278-0092-7 14800(세트)

- 이 책은 저작권법에 따라 보호받는 저작물이므로 무단 전재와 무단 복제를 금하며 책 내용의 전부 또는 일부를 이용하려면 반드시 저작권자와 중앙일보에스(주)의 서면 동의를 받아야 합니다.
- 책값은 뒤표지에 있습니다.
- 잘못된 책은 구입처에서 바꿔 드립니다.

주니어중앙은 중앙일보에스(주)의 어린이 책 브랜드입니다.